古典文獻研究輯刊

初 編

潘美月・杜潔祥 主編

第7冊

宋代藏書家尤袤研究

蔡文晉 著

國家圖書館出版品預行編目資料

宋代藏書家尤袤研究／蔡文晉著 — 初版 — 台北縣永和市：花
木蘭文化工作坊，2005〔民 94〕

目 1+159 面；19×26 公分 —（古典文獻研究輯刊 初編第 7 冊）

ISBN：986-7128-13-3（精裝）

1.（宋）尤袤 – 學術思想 2. 遂初堂 3. 私家藏書 – 中國

029.75   94020156

ISBN 986-7128-13-3

古典文獻研究輯刊

初 編 第 七 冊   ISBN：986-7128-13-3

宋代藏書家尤袤研究

作　　者　蔡文晉
主　　編　潘美月　杜潔祥
企劃出版　北京大學文化資源研究中心
出　　版　花木蘭文化工作坊
發 行 所　花木蘭文化工作坊
發 行 人　高小娟
聯絡地址　台北縣永和市中正路五九五號七樓之三
　　　　　電話：02-2923-1455／傳眞：02-2923-1452
電子信箱　sut81518@ms59.hinet.net
初　　版　2005 年 12 月
定　　價　初編 40 冊（精裝）新台幣 62,000 元

宋代藏書家尤袤研究

蔡 文 晉 著

作者簡介

蔡文晉，民國 55 年出生，東吳大學中國文學研究所碩士班畢業，現任教於台中市立惠文高級中學，著有《宋代藏書家尤袤研究》、〈鮑廷博藏書印書考〉、〈鮑廷博年譜初稿〉。

提　　要

　　南宋詩家首推尤、楊、范、陸，號稱中興四將，然尤袤《梁谿集》及《遂初小稿》等作品集焚毀於萬卷藏書樓，故後世論宋詩者鮮詳述之。現存宋代私家藏書目錄，僅有晁公武《郡齋讀書志》、尤袤《遂初堂書目》及陳振孫《直齋書錄解題》三種，晁志已有劉兆祐師著〈晁公武及其《郡齋讀書志》〉專書討論之，而陳錄則有喬衍琯先生著《陳振孫學記》專書陳述，惟有尤目因體例簡陋，引用者寡而無專書探討。然其目創書目兼記板本之先例，分類亦頗多新異處，影響後世書目深鉅，實不可等閒視之。吾人基於上述，欲一究尤袤生平及其學術成就，故撰此文以探述之。

　　有關尤袤文獻，除《宋史》尤袤本傳及《遂初堂書目》較完整外，其他資料多散佚殘缺，收集頗費周章。本文即以《宋史本傳》及《遂初堂書目》為主，參以《宋會要輯稿》、《南宋館閣錄》、《萬柳溪邊舊話》、《咸淳毘陵志》、《梁谿遺稿》及宋朝各家文集等史、子、集部文獻資料，整理彙考，期望略復尤袤原始。

　　本文共分五章，首冠緒言，說明撰述大旨。第一章為〈尤袤家世考〉，追溯尤氏家族之由來及尤袤先世中重要的人物記述，以見先世對於尤袤的關聯及影響。第二章為〈尤袤生平事蹟考〉，先考定尤袤生卒年，再以繫年方式詳列尤袤生平事蹟。第三章為〈尤袤交友著述考〉，交友考方面以宋人文集中有與尤袤之書信篇章為主，察考尤袤交友之情形。著述考方面則將現今署名尤袤所撰之作品一一加以解說考證。第四章為〈遂初堂書目之體制及傳本〉，詳細討論尤目成書、藏書流傳、體制、傳本及影響等諸要項，以見其最重要著述的內容性質。第五章「尤袤之學術成就」，以宋人文集及子史部瑣碎資料，彙整後加以探析尤袤多方面之學術成就，雖資料鳳毛麟爪，然以尤袤作品散佚之甚而言，這些微論已可見微知其著了。末附以結論。

　　尤袤雖以文獻大量散佚焚毀而鮮為後人所重，然經本文探幽索微後，發現其為人處世及論學著述皆具有承先啟後之功。正如同《四庫提要》讚其《梁谿遺稿》一般，吾人「又烏可以殘膚棄歟」，自當給予尤袤的貢獻肯定與重視才是啊！

目

錄

緒　言

　　有宋一朝，承襲唐五代之雕版印刷技術，刻書事業興盛，學術文化發達，典籍收藏豐碩，不僅公家典藏，私人藏書亦蔚然成風，較之歷代，惟有清一朝堪與之並肩；然刻本之精善、刻籍之史料，其價值與地位卻非有清諸家所能及之。惜乎世移代轉，古籍不易保存而至湮滅殆盡，有宋一代藏書史料所傳至今者僅數種而已，公家惟存《崇文總目》之輯本，已非完書，敘釋文字不多，無從探窺原貌。私家則尚有三家書目傳世：依時序分別爲晁公武《郡齋讀書志》、尤袤《遂初堂書目》及陳振孫《直齋書錄解題》、《晁志》已有劉兆祐撰《晁公武及其郡齋讀書志》專書論之，而《陳錄》則有喬衍琯撰《陳振孫學記》專書記述，惟有《尤目》因體制簡略，少爲人所注意利用，而無人撰著專書研究，惟有單篇短文略述其事。今筆者即以《尤目》爲研究重點，並擴及於尤氏之生平、交友及學術等，以研究尤袤之成就及貢獻，並藉此以補有宋一朝私家藏書研究之缺漏。如得以此補足宋代私家藏書史料，則於目錄學亦略有助益，吾人豈敢疏忽，然以才力之限但求盡心而已。

　　自尤袤以南宋四大家及富於收藏知名於宋朝後，尤氏方活躍於仕途中，得爲史書所載。然尤氏家族究竟如何而來？尤袤之先祖究竟對於尤袤有些什麼影響？尤袤族後人又如何的繼承發展？茲考其情形而撰〈尤袤家世考〉。

　　尤袤生平事蹟於《宋史》卷三八九有文記載，又尤袤族人尤玘所撰之《萬柳溪邊舊話》亦載之，而清代尤侗遠承袤系，其《家譜》本傳亦載先祖情事，然此數文所記尤袤卒年卻非一致，各自爲說，袤之卒年遂莫衷一是，未知孰是？而以上資料所載尤袤生平不是缺乏繫年就是記述過於簡略，今爲詳於知人論事，故採繫年編譜方式詳加記載。因述〈尤袤生平事蹟考〉

　　尤袤嗜好收藏，廣搜博採，自然時常與其他藏書家或精通之文士交往討論，故

尤袤交友當亦廣闊，今試述之。而尤袤收藏既富，判讀亦精，故撰述頗豐，除書目外，尚有文學創作集、禮儀制定及校對記述等性質之作品，爰總爲〈尤袤交友著述考〉以探討之。

《遂初堂書目》著錄三千一百餘部書，收錄豐富，而其收錄之情形如何？這些數量之書籍如何而來？藏書目成書後藏書之流傳情形如何？其體制上首創書目兼記板本之例，分類上雖大致沿傳統之舊，然若干類目卻大膽創新，這些書目特色對後世書目又造成了什麼樣的影響？《遂初堂書目》於今日又有那些刻本傳世？於此諸問題，故作〈遂初堂書目之體制及傳本〉專章詳述之。

尤袤卒後，人稱之爲「乾淳老儒」，並讚爲「博物洽聞」，其所觸及之事物甚爲廣博，著述亦多，而其爲人剛正不阿，遇事一以至理爲準，不偏不倚，《宋史》稱「立朝抗論與人主爭是非，不允不已而能令終完節，難矣」，爰述其學術成就。

撰作此文，筆者竭盡所能，惟或因才力之限，或因資料文獻不足，所作如有闕失之處，尚請博雅君子不吝糾繆補闕，以幸士林。

第一章　尤袤家世考

第一節　尤氏起源及演變

　　宋·李綱《梁谿漫錄》記載尤氏來源曾云：「系出沈姓。五代王審知據閩，閩人沈姓者避尤音，去水爲尤氏」根據此說知尤、沈二姓實爲一家。尤姓既自沈姓出，則欲明白尤氏家族史須從沈氏察考，今察《姓纂》有云：「周文王第十子喃季食采於沈，因氏焉，今汝南，平輿，沈亭即沈子國」，則尤氏最早之發源地爲沈子國，約爲現今的河南省汝南縣東南以及安徽省阜陽縣西北一帶，其始祖則爲周文王第十子——喃季。清代尤侗《西堂雜俎》敘其先祖來源即云：「我尤氏之先，周文王第十子聘季食采于沈爲氏，今汝甯地也」（按：聘季當作喃季）。

　　河南安徽一帶起源的沈氏，時至五代（一說唐末）〔註 1〕因中原喪亂，爲避禍計而遷徙於福建的泉州。今察《福建省永春蓬壺尤氏族譜》有記載尤氏居閩情形：

　　　　五代後梁間，思禮公從王審知入閩平亂，既平，王審知以功受封爲
　　　閩王，賞識思禮公才識，以其女招其爲婿，但思諱公之姓「沈」，與其名
　　　「審」同音，而予賜姓爲尤，思禮公乃成爲尤姓之開基始祖，公定居於

〔註 1〕五代之說者有李綱《梁谿漫錄》及《福建省永春蓬壺尤氏族譜》，唐末之說亦有二：
　　　尤侗《西堂雜俎》云：「我尤氏之先，周文王第十子聘季食采于沈爲氏，今汝甯地也，
　　　唐末有遷泉州者，避王審知嫌名，去水爲尤」。又〈尤沈氏族考〉引台北縣內湖尤氏
　　　所傳云：「黃巢之亂，入閩避禍，因改尤姓」。關於此二說何者爲是，因時遠渺茫，
　　　無從確定，然從爲避亂入閩，及宋朝後方有尤氏族人物的出現此二方面著眼，則尤
　　　氏的產生無論是在唐末或是五代都是可靠的。總之，在宋之前出現尤氏是千眞萬確
　　　的。

泉州（今南安縣金田鄉南廳）卒葬於斯，其墓地俗呼龍蝦出海，子孫蕃衍，人丁旺盛。

根據上載尤姓為王審知所賜，與《梁谿漫錄》所載因避諱而去水為尤姓有些許出入，然自河南遷徙至福建的沈氏移民改姓為尤以安身立命卻是不爭的事實。如根據《永春蓬壺尤氏族譜》言，沈思禮乃成為由沈改尤姓的開基始祖，亦是史籍記載中第一位尤姓人物，他在福建開啟了尤姓氏族的發展，然而真正的興盛卻是在江蘇吳興一帶。李綱《梁谿漫錄》云：「望出吳興」，而尤氏族譜中所言「龍蝦出海」意謂子孫遠徙者方能昌盛，自福建蕃衍而出的吳興尤氏就在俗稱的傳說中興旺起來，而「子孫蕃衍、人丁旺盛」。自此而後，歷代雖間有遷徙，然賢人屢出。要以江蘇為重鎮，南宋四大家之一的尤袤，清朝有「真才子」、「老名士」之稱的尤侗即為聲名最著之代表。

總論尤氏淵源與沈氏同宗，既至唐末五代，因避亂入閩，改姓尤氏，始有尤姓，在江蘇吳興發展興盛，自宋代始，迄於明清，屢出賢人，貢獻良多。

第二節　尤袤家族考

前節言尤氏興旺於吳興，而尤袤的家族即為此盛興尤氏的一支，家族始祖為尤叔保，宋真宗天禧中，自晉江避難入吳，往來吳中諸郡未有定處，嘗居長洲西禧里，後嘗同王樞密康靖公游浮玉山，宿壯繆侯祠中，以卜居求夢，夜夢侯手賜錫器，器中書一成字，覺以告康靖，康靖曰「器者器皿也，皿上著一成字，錫者，常之西南有錫山，神明賜公錫器，意者俾公居無錫而子孫盛乎」（見尤玘《萬柳溪邊舊話》）。尤叔保領著所夢神旨，遂定居於無錫許舍山，位於江蘇無錫縣開化鄉白石里。尤叔保生有二子：長子尤大成、次子尤大公，本皆居於無錫，然次子尤大公因生性有勇任俠，好打抱不平，因而闖出禍端（詳見尤大公事蹟陳述），遂遁歸往昔曾經居住的長洲縣西禧里，自後尤大公一支在此定居蕃衍，遂與尤大成分居異地，共承尤氏家族。尤大公傳子尤輝，輝為哲宗紹聖元年甲戌畢漸榜進士，官觀文殿大學士、兵部尚書。輝之子著，亦頗賢能，高宗紹興二年壬子張九成榜進士，官工部侍郎。尤大成傳子尤申，申傳子時亨，時亨傳子袤，為高宗紹興十八年戊辰王佐榜進士，官煥章閣待制、禮部尚書。袤子有二：長曰棐、次曰概，概能承父，中孝宗淳熙二年乙未詹騤榜進士，官太常博士。棐子熤賢能如祖，為寧宗嘉定元年戊辰鄭自誠榜進士，官端明殿大學士、禮部尚書，封毗陵郡侯，度宗游湖嘗幸其第，御筆題楹間曰「五世三登宰輔，奕朝累掌絲綸」，朝野皆以其事為榮。度宗所稱即指尤輝、尤袤、尤熤

三人功在朝廷，書香傳家，值得讚許〔註2〕。正因尤氏於宋朝貢獻良多，成就卓越，故每遇朝廷大慶，必蒙推恩，澤及先世後代。《萬柳溪邊舊話》言及推恩情形云：

　　　　朝廷每大慶必推恩於大臣，文獻（尤輝）文簡（尤袤）祖孫各經推恩

　　　數次，往往力辭，然中亦有不能辭者。文獻公以上四代、莊定公（尤焴）

　　　以下五代，無一人不沐朝澤，列冠裳。

可見當時族望之盛。爾後焴之叔棟，年少於焴，爲理宗景定三年壬戌方山京榜進士，官廣德知州。袤之次子概生有二子：長曰爐，次曰燿。長洲同族從兄弟梁無子，故以次子燿爲長洲後嗣，此後兩族血脈相連，復合爲一，關係密切。宋元之際袤六世孫玘仕元，官至大司徒，曾聚親族談先世事，著爲《萬柳溪邊舊話》三卷，對先世資料保存，貢獻良多。歷元至明，尤實考上成祖永樂四年丙戌林端榜進士，官南昌同知，實之曾從孫晉，有二子：長曰魯、次曰瑛，皆爲進士出身，魯爲世宗嘉靖十一年壬辰林大欽榜，官順天府丞，瑛爲世宗嘉靖二十三年甲辰秦鳴雷榜進士，官江西參議。時至清代，袤第十八世孫侗，爲當時才子，順治讚爲「眞才子」，康熙則尊爲「老名士」，文學成就非凡〔註3〕，侗子珍，爲康熙進士，累官石贊善。

　　綜觀自宋迄清，尤氏代有聞人，屢出進士，簪纓不絕，聲望壯盛〔註4〕。除前述顯盛人物外，亦有尤氏族後，可供參看者，因免於繁瑣，今以表列之：

〔註2〕度宗幸尤焴家，且御筆題楹間之事因只見載於尤玘《萬柳溪邊舊話》，又史籍中不載尤輝曾任職官之實，故或有疑其「五世三登宰輔，奕朝累掌絲綸」之事並非實錄也。清周有壬《錫金考乘》卷六〈宦望考〉即云：「惟所稱度宗幸第賜聯事，乃採之尤氏家乘，他書不見紀載，尤氏家乘稱袤祖輝官觀文殿大學士，并知建康府，故其聯云『五世三登台輔，奕朝累掌絲綸』即指輝、袤及焴也，惟輝官觀文殿大學士，宋史宰相年表不載，景定建康志載北宋郡守甚詳，亦無輝名，所言三登台輔，似未可據」。然今察方志之書，《無錫金匱縣志》有載輝名，《咸淳毗陵志》亦載之，明言哲宗紹聖元年甲戌畢漸榜進士，歷官兵部尚書、觀文殿大學士，謚文獻，則輝任官之實似非憑虛而生，或恐史籍脫誤，甚或不傳，亦未可知。

〔註3〕詳論可參見丁昌援撰《尤侗之生平暨作品》，政大碩士論文。

〔註4〕尤氏族之中進士者，其所中之歲次多逢辰，其因見載於《無錫金匱縣志》卷四十〈雜識〉引尤侗《西堂雜俎》言云：「尤氏自晉江徙居無錫許舍山，文獻公輝嘗構一堂，上梁曰龍見，榜曰逢辰，後文簡公袤，莊定公焴，相繼戊辰登第，其後府丞魯嘉靖壬辰，參議瑛嘉靖甲辰，方伯錫類萬曆庚辰，龍見之祥久而猶驗。」

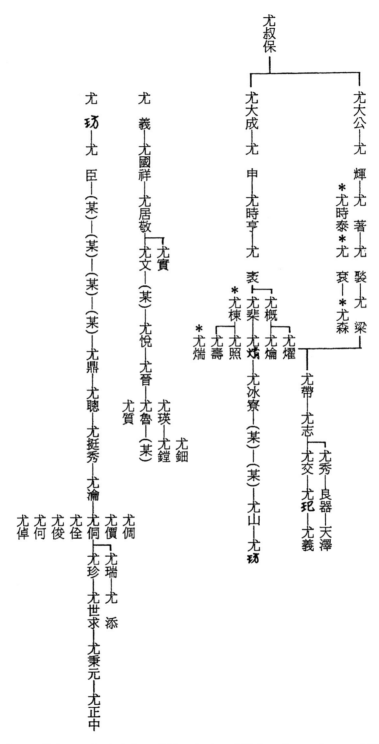

*者，指僅知其排行輩分而不知其確實之聯屬，故列於同輩份之旁，而未加以聯繫，僅此說明。

　　觀上所列，尤氏共綿延二十幾代而未絕，亦可云源遠流長。表中人物間有事蹟可為人所述所敬者，特於下節專文記述，以見尤氏家族之行事風範，能更了解尤袤家世的傳承與成就。

第三節　尤袤家族人物重要記述

　　此節所載人物事蹟，或為高風亮節，或為事由典故，或為義行足式，載之可見尤袤前世對於尤袤之影響及後輩之承襲發揚，今所根據之資料以《萬柳溪邊舊話》為主，參以其他文獻彙結而成。

一、尤叔保

　　前已言尤叔保為避難而自晉江入吳事，今不贅述。叔保徒手入吳後，以正直名世，縉紳多厚遇之，性最穎，善書，尤長方丈扁額字，閒以繪書自娛，求者必厚價然後落筆，故晚年頗雄於財，園亭池館為一時絕勝。其正直善書的性格家風，皆影響到其後之族孫，尤袤是能繼承且發揚者。叔保嘗遊福勝禪寺，少飲即醉，午睡一竹榻，既覺，有長眉老僧坐其傍，告公曰：「吾居鳳凰山，禪定百年，傳先師相氣之法，見先生左鼻氣如松，右鼻氣如雲，此身後清貴，永永留名，子孫貴盛，罕有其比，但不及親見之耳。」叔保遂和老僧相與結納而別，後果如老僧之言，子孫連綿，賢人輩出。叔保奉祠之堂有扁額書雲松堂，即其自定之名，其因蓋由此也。叔保所遷居之許舍山，陰深多虎，童男女晝亦不敢出戶，叔保憂之，乃命蒼頭拾楝子數十斛，預作大繩，以楝子置繩股中，埋於山之四周，不四五年，楝樹長大如城圍，山中人號為楝城，相與出貲造四門於四方，曉開夜閉，虎遂不敢逾城而入，山中人為報叔保之德，世世尸祝之。此熱心公益，保城衛民的事實和其後世子孫尤玘的畀錢重建臨海縣治〔註5〕相映成趣。叔保善書，故其手題亦多，今舉二焉：

　　　　許舍山中祖基乃買江氏敝居而新之者也，東偏楠廳三間壯偉高敞，玉蝶梅四十二樹環遶之，待制公善書，書環玉堂三字於梁間。

　　　　關侯祠凡三易後，定築於青楓巖下，祠後潭水清澈可愛，另立一方亭對潭，扁曰雲留亭，題兩邊柱曰：山光悅鳥性，潭影空人心。皆待制公手筆（尤玘，《萬柳溪邊舊話》）。

〔註5〕見《梁谿遺稿》，〈臨海縣重建縣治記〉，其言「予乃畀錢三十萬，使營度之」，則袤熱心公益及雄厚錢財的情形正如其始祖叔保。

尤叔保因得壯繆侯神意指示，故得知定居無錫許舍，叔保因此奉祠無異祖先，可謂恭敬之慎，晚年亦因關心神像之事，因而臥病以致於卒歸。《萬柳溪邊舊話》云：

> 待制公奉關侯不異祖先，朔望必拜，餘日隔三五日必來灑掃虔揖，培灌竹木，故竹木比他山麓更森蔚可愛，春秋多游人，亦有進關侯香者。待制公晚年畏寒，慎於出戶，已經一月不入祠，一日微雪中肩輿而來，以袖拂侯像之塵，侯兩顴若有汗者，待制公以為灑掃之役誤以水及像，乃手拭之，既乾，稍久復有，心甚疑之，不覺淚下，速歸，便臥疾一月而終，正除夜也。

尤叔保卒後，因其孫尤輝官爵顯貴而追贈待制，故稱待制公。待制公娶洪夫人，生有二子：長曰尤大成，次曰尤大公。

二、尤大成

年二十四娶范氏，娶二年而舉子尤申。范氏年十九而大成歿，水漿不入口，哭泣二日，懷申付少姑徐氏曰「姑無子，以我子為子可也。」徐將問故，范氏持夫故佩劍自刎死。有司如例給粟養申，而表其墓（《萬柳溪邊舊話》）。貞節如此，令人又讚又歎。

三、尤大公

字無己，生有俠氣，鄰右許氏婦與人私，同謀殺夫，里宰白其事，有司不明，置里宰罪。公捐數十金為贖之。一夕間知許婦與私夫同處於樓，公素有勇力，乃持刀躍入樓，破其戶，斬二人以出，出而遇一僧持燈夜歸者雅識公，公懼，變服逃於蕩東西儡里。（《萬柳溪邊舊話》）由此展開長洲尤氏之蕃衍。

四、尤　輝

生於宋神宗熙寧七年八月朔日（1074）。初名元，後更名輝，字鵝津，年二十一歲登哲宗紹聖元年甲戌畢漸榜進士，以薦試學官高等除教授，凡三轉至禮部員外郎，權國子司業，歷司封郎、太常卿兼諭德，累除國子祭酒，中書舍人，給事中，久之，拜兵部尚書，尋知樞密院事，除觀文殿大學士，如建康符。當參知政事時，上心向用，然群奸側目，會薦門生余深自代，遂指為黨，輝力丐。間以少保觀文殿大學士致仕。尤輝尤累遷，官爵崇高，為尤氏族居江蘇無錫以來首位歷官顯著之人。其從族之孫的尤袤或許多少受有其祖之鼓勵，以致尤袤亦歷官顯貴，前後祖孫交相呼應，光耀尤氏，宜其盛也。尤輝晚年遷居東帶河上，然世祠猶在許舍山，一日守第人聞祠堂中哭聲甚高，明日開戶視之，神主前大銅鑪裂為八塊，人以為不祥，至高宋紹興二十九年（1159）八月二十八日，輝無疾而終，年八十五，贈少師，諡文獻。

　　按尤輝雖爲尤氏家族第一位顯貴致仕者，然其作風似未爲時人所稱頌，因其知民間冤情而竟不與辯白之故（詳見尤時亨事蹟）。另獻公因官顯，對於爲學求書亦頗重視，收有義子，名平眞，專供抄寫，公甚愛之〔註6〕。

五、尤　申

　　字陽秋，與從弟尤輝同生於熙寧七年八月，然長輝十日，生甫歲而孤，母范氏將申交於少姑徐氏，持夫劍自刎死。故申以母死於劍，戒家人不得殺牲，人殺者亦不食，人稱爲清素道人。終其一生不忍服紵綺等衣。從弟官日尊，得推恩蔭，以公名進，然公不應，布素食淡自如，年三十而生子時亨，自後遂與妻鄒夫人別居，而未曾再近二婦。則申之清閒雅淡，亦自令人起敬。

六、尤時亨

　　袤之父，生於徽宗崇寧二年（1103），字逢盛，號雲耕（《古今圖書集成》引《常州府志》言字雲耕），性至孝，奉父母有曾參之譽，承祖父高貲，喜任達，傾財結客，多樂與賢豪貴人游。里有蕭氏者，先世皇冑，富冠一郡，放利行勢則有之，然未嘗爲盜也，但富爲眾怨，一邑之人共指湖中爲盜，一家六十餘人考掠成獄，待死時文獻公官尊矣，知其冤而不與白，時亨乃傾產爲蕭白之，遂以勞瘁卒於徽宗紹興十七年（1147），年四十五。以子袤顯貴，贈少師。觀時亨行事，其至孝、廣交、以財助人皆直接影響尤袤的作爲，眞可謂「虎父無犬子」，耿介正直的無愧風格，二代同行。尤時亨室耿夫人因時亨勞瘁卒，哀慟過甚，亦卒。時亨與耿夫人同年同月生，卒則無不同，時人咸異之。

七、尤時泰

　　尤袤族父，尤著之從弟，和時亨輩份相當，蓋爲同族之兄弟，天賦資稟神異，一目十行，嘗舉博學宏詞，除國子監主簿，不赴。性孤介，志樂幽寂，多從高僧道士游。嘗得王八百井中儲丹，如璧如月，盡食之，遍遊名山，更名道元，號浩光道人，歷數年不返，人以爲死矣。至乾道中年已百餘歲，乃一旦還家，童顏黑髮無異少年，子孫皆亡，獨兩曾孫在侍奉，又二十年無疾化去，化五日，聞棺中呼人名，

〔註6〕尤輝義子平眞生平亦頗奇異，《萬柳溪邊舊話》記云：「自孩時即茹素，便利可喜，侍輝頤指當意，公甚愛之，眞年十九，公出重貲取沙頭王氏女爲妻，明年八月十五子時，王氏產一女，從左脅下出，舉家往視之，無不驚愕，其脅開縫三月餘始沒，尚有丹線一大條，久之可驗。所產女名曰佛奴，慧悟異常，面貌端麗，方五歲舉動如成人，至秋漸不食，形體日小，一日八月十五子時其母丹線忽開，女便躍入母腹，即痛死，公命以僧家法焚之，築一小塔於赤石嶺葬焉。平眞日夜思念妻女，不兩月亦死。」

速開之，惟有一履一玉冠耳。

八、尤 著

尤輝長子，字少蒙，生於徽宗崇寧三年（1104），生而右手六指，四歲時尚未能言，秋日從母張太夫人往東門迴溪莊，塗遇老僧，忽前抱著曰：「六指禪師其生於此乎？又落富貴劫矣」，著曰：「別來安善」，相對而泣，自此著方能言。其敏慧非常人所能及，及長，為姑蘇王寺丞婿，多游胥臺虎丘之間。紹興二年，年二十八，以蘇州籍登壬子張九成榜第二名進士，有文名，嘗主管吏部架閣文字，除太學錄兼實錄檢討官，擢博士，改宗正簿，累官兵部郎官，由禮部郎中為太子詹事兼秘書監，權工部侍郎，以疾致仕，致仕後徒居鵝湖西儦里，更號西儦居士，既創大第，復築名園，以其餘力改造覺林寺，寺傍創文獻公（尤輝）祠堂，堂內五楹自為之記，鑿於石樹祠中。著既以文名，則所記之文自為上乘，今書其文於後，以供參看：

> 覺林在吾西儦，吾家為檀越者百年，大觀初，先文獻公致政歸，寺適傾圮，廓而新之，予時為童子，嘗從先公游寺中，寺中僧輒坐，先公銜杯賦詩，留連忘返者恆數日，比余既冠，假寺以讀，僧之坐我酒我者視昔逾密，予若將終身樂焉，後釋褐官行在所時偷簿書暇，過西湖之上，流慰諸剎，恍然覺林舊境也，然心之閟沈萬萬矣，已念吾大人投綬而歸，歸未數年而先公棄世，既葬，僧淵來謁，請以其帝院五楹奉先公香火，即先公嘗坐而飲者，余感其意，復出金置田三頃畀之，俾為醮燭費，時時展拜先像，留與僧觴詠，翩翩然少年佳思一旦復也，恨先公坐臨其上不能觴詠如舊日耳。閒語淵曰：「吾再世有德於寺僧爾，寺僧亦奉我先公香火如孫子，此誠左右手不可背也，願鑴石壁間示我後人，無替先公之志，俾寺之或毀而不能新也，僧或散之四方而不能使復也，爾寺僧亦虔祠事，世相守無相忘，嗟乎！一切有為，咸如夢幻，夢而覺焉，安如覺林之為色邪空邪，余之貪癡乃諄諄於世守」淵嘗戒我曰「檀越何久不起矣」然余以先公之故，不能忘情也，聊為之銘，銘曰「茫茫苦海，有此覺林，釋我吏事，來聽梵音，不同者道，有契者心，心之感矣，言念昔今，在昔先公，策杖茲尋，今也何之，肖像余臨，華燈明滅，青篆浮沈，庭賓啼鳥，簾迥遙岑，既瞻既拜，亦詠亦斟，爾麞我酢，滌此塵襟，笑回遠社，知結牙琴，願言永世，講議彌深，我銘示後，式也如金」。

九、尤 檠

尤著之子，娶久不育，一日游飲鵝湖中，狂風驟發，眢一失風覆舟，心甚憐惜，

懸重賞命漁人往拯之，乃常熟州倅汪受任滿，攜家入京者，皆囊皆失，幸一家十一口俱獲生全，受甚德公，出其長女以獻，時女二十有二矣，亦有姿色，公厚實其行槖而領之，又二年而生子尤梁，爲汪倅女所產。

十、尤　棐：

字與忱，號五湖。尤袤長子。初生時全體刺百花鳥雀，十歲時仍隱隱尚存。資極慧，倦於誦讀，孝宗朝以父蔭入仕，仕二十年，積官至兵部侍郎，享高齡以終。

尤棐性愛蟹，卻因此好而發生了一椿故事。秋天蟹肥，棐常日把酒持螯與客笑傲山陰。術士袁大韜者，其術動帝皇，孝宗時，時召前席賜賚，不可勝計，大韜挾人主之寵，往來三公九卿間，而與棐最昵。一日訪公里第，值公在華藏寺，遂操扁舟擢湖面來，公方與客飲雲海亭上，漁人網得八大蟹，其內有二大，幾一觔，非復平日所見，公甚喜，捐錢數百文賞之，而大韜適至，喜而劇飲，大韜曰「某近遇一異術，能知人食料」，棐曰「今得八蟹，一主六客，孰兼食者」大韜默坐屈指，數十迴算之，面漸赤，大叫曰「異事異事，七人俱不得食蟹。」眾皆大笑，大韜復默算者久之，謂棐曰「公五年以內未得食蟹」公亦大笑。未幾，客有朱朗與弟逐卿者偕去，酒方數行，催庖人治蟹甚急，忽逐卿奔來曰「吾兄催蟹，啓釜觀之，睹一落足甚巨，取而嘗之，頃刻眩倒」，眾共奔視，朗卿死矣。二三客迎醫治木，各司其事，至暮遂不能救，大韜手取諸蟹傾於湖濱，偶遺一二落足於岸左，一犬食之立斃，而湖濱大小魚之死者不可以數計，湖中漁舟百十皆仰，尤氏爲衣食者乃召進蟹人問之，曰得於湖岸大垂楊下，公命僕夫持鍤掘之，得赤首巨蛇數十，蟹之大者以久食毒氣也。棐甚憐朗卿，厚葬之而恤其子弟，厚賜大韜數十金。自此而後，棐終身戒不食蟹。因食蟹而險些喪命，蓋亦甚奇也。

尤棐夫人性嚴下，常苦目疾，時發時止，發則往往不食，海內有名眼藥俱用過，不能癒，尤焴（棐之子）夫人甚孝，其姑姑亦大愛之，夏日姑目疾大發，最劇幾欲自投池水中，莊定公（尤焴）夫人慟哭禱天，刺臂血調藥以進，姑目即癒，歷數十年至大故未嘗復發。又許舍山中井水多鹹苦，人飲澗水，夏日常患腹疾，尤棐夫人曾夢神人與一鐵柱，恍惚如金色，泉水湧出柱下，頃刻數尺，因此驚覺，以告尤棐。久之，歸寧還家，幃輿中見山間一柱，宛如夢中所睹，問女使不見也，命僕夫以松椿識之，歸告尤棐，召匠鑿之，不十尺而泉水湧出，甘淡不異二泉〔註7〕鄉人作地溝，分注數十井不竭矣。丞相名之曰二二泉，而爲之銘，銘曰「拔劍刺山，山為之

〔註7〕「二泉」爲遂初堂藏書樓前之天然泉，泉水終年不枯，爲著名的「天下第二泉」。（〈尤袤和萬卷樓〉一文所載，陶寶慶撰，《文物天地》1985年第三期）。

湧，折腰拜井，泉出隨踵，精誠所格，無有弗應，豈以地靈，而誠不勝，山深井少，飲澗痞孕，夢神授符，瀉之泉瑩，色清味冽，慧泉可夷，分注百井，汲飲有遺，匪世行德，神明曷授，澤沛萬家，來福逾厚，泉名二二，我豈溢美，勒此銘詞，千祀毋毀」。觀上銘文引述，知其累世行德，方得此福，然行德之事，乃歷經各祖先所積方成，如叔保奉祠關侯如祖，大公有勇任俠，申之戒殺牲，時亨之至孝事親，後將述之尤袤善政，尤著之重建祠廟及裻之湖救覆舟等，累世行善積德不絕於世，故得神明暗助，順利克服困難，甚至子孫大蕃，成就垂後。

十一、尤 概

　　字與平，尤袤次子，淳熙二年乙未詹騤榜進士，累官建康府推官，擢左朝奉郎，太常博士。但因性格閒雅，不樂居宦，占仕籍十餘年半在告，未壯懸車多方外之游，母兄輩極富貴聲色之樂，概不一與，且自築室於萬竹中，晏坐焚香泊如也，未耆而歿，人共惜之。概之性格作風，努力向學皆似其父袤，故時人稱爲眞書廚子，以示其肖文簡（尤袤）也。其詩撰作編爲《綠雲寮詩草》，人比之韋蘇州，可見其詩作之功力非凡，眞不愧書香世家尤袤之子。概有二子：長燨、次燿。

十二、尤 梁

　　字正平，尤裻所救汪倅女所生，賦性好潔，雖有妻妾而不喜近。一日間數盥洗手面，不茹葷、不飲酒，稍聞婦女髮油氣，嘔吐不已，或云終身未嘗行人道，好焚異香，日狎一馴鹿，所至隨之，書室中潔不容一塵，蓋梁爲來自仙位中者乎？享年八十八卒，無子女，以概次子燿爲嗣。則大成、大公二族合而爲一，或可云梁後子孫皆袤之族孫。

十三、尤 棟

　　號率齋（一曰字率齋），尤裻從第。學最早，十歲通五經，至十五已閱萬卷矣。善爲古文，累舉不第，至度宗景定三年始登方山京榜進士，除山陽知縣，不樂吏事，告歸，薦補州教授，召爲祕書正字，不能佐權要，出爲廣德刺史，致仕家貧，享大耋清福。二子：熹、照皆仕不顯而博學有文名。當是時江南郡邑金石文章碑版皆其父子之筆。棟年歲少於尤焴（裻子）而以叔輩行。棟所爲古文——〈重建五先生祠堂記〉有敘及尤袤者，稱袤爲乾淳之老儒，從學於二程再傳弟子喻玉泉，故能續程夫子之道，頗露尊敬讚許之意。文中言及「今里中故宅尚有指爲藏書之所」，則尤氏藏書的傳承頗爲謹愼且知名，此不得不歸功於尤袤。

十四、尤 森

生於宋高宗紹興三十一年（1161），字與茂，苦志力學，寧宗慶元五年登曾從龍榜進士，時年三十九，補揚州文學，擢迪功郎，監潭州南岳廟，父袞知寶慶府，致仕在家，時年七十，獨森一子。森遂乞歸養承懽，竭力事父十五年，親終服除，森亦老矣，不復仕宦。眾平輩兄弟中獨森最貧，然最富圖書古玩，亦享高壽而卒。森獨喜圖書古玩，頗近尤袤之嗜書，或許森受有袤之啓蒙告示亦未可知。

十五、尤　焴

生於宋光宗紹熙元年（1190），字伯晦，自號木石。年十九登寧宗嘉定元年鄭自誠榜進士，時歲次戊辰，和其祖袤登進士時逢戊辰同也。初授山陽法曹，會蕭德慶犯鹽城，郡檄無諭，事定，就畀邑宰，故秩倅海陵參東淮制幕，端平初入爲軍器監簿，遷大府丞檢詳編修，權右司將漕西淮兼帥，擢升司農少卿，總餉淮西，再入除理卿。爲淮西帥時以儒者身份守邊，威惠兼濟。後出爲福建帥漕，改沿江制副，尋擢秘書監而繼祖袤爲侍講，登從橐兼直院，出知太平州。州亦祖之舊治也。後以內祠奉朝請兼侍讀，復貳春官兼修史，權工部尚書，繼祖而爲禮部尚書，召拜內翰端明殿大學士，提舉秘書省提綱史事，封毘陵郡侯三十年致仕，時甫六十有一，優游於家者二十四年而以疾終（1273），年八十四〔註8〕。謚莊定。

尤焴少達老閒，久歷于世，其事行甚多，門人趙君發感焴教育之恩，著《尤端明日歷》十一卷，據稱其文淳，其事奇，鏤板盛行於天下。然今不存，無以詳知焴事，即以此述亦可知焴生平履歷甚多，著稱於世。今即酌引他書所載者二則，以見焴事蹟：一爲焴自尤輝、尤著、尤袤、尤概、尤森後接式科名，高中進士。嘗築圃於臨安之西湖，花木不繁而蕭灑。宋度宗游湖上，幸其堂，御筆題楹間曰「五世三登宰輔，奕朝累掌絲綸」，朝紳榮之。一爲焴繼尤輝、尤袤任三事，祿入益厚，晉江宗人歲歲來覲，皆厚貲以遺之，晚年時捐積俸買田十二頃於晉江，以贍族之貧者（皆見《萬柳溪邊舊話》）。尤焴生平爲善政，施德惠，教後學外，又好附庸風雅，講唱文學，爲此他輯成《全唐詩話》，以利吟誦且「益朋友之見」（〈全唐詩話序〉）。後世以《全唐詩話》繫爲尤袤所撰，實後人以「遂初」之名誤稱之也，詳論參看〈尤袤之著述〉一節。

十六、尤　爚

尤概長子，紹定三年累官知江陵府兼京湖安撫副使，承上撫下無間言。端平元年令再任，以壯上游控制。爚弱冠時讀書於九龍山第五曲，愛其中喬松數十株，即

〔註8〕《咸淳毘陵志》，《宋元學案》及《萬姓統譜》皆云焴卒年八十三，然按舊話所言，則應爲八十四，且此與《全唐詩話》作者考定有關鍵性的影響，焴年八十四正符合〈全唐詩話序〉所言之年歲，詳論待見後言。故定焴卒年爲八十四。

其中結精舍，舍後築小閣，山林清景咸備，一日松下忽湧大水，橫流數日不止，公下視之，有一眼，即命山人穿之，深五尺而水決決清澈，汲水煮茗，與二泉無異也，遂以石甃之，自號松泉生，公後致仕家居亦常居此，精舍松益老，泉益清，公甚樂之，既老，有宿疾，亦養疾精舍中，一日汲泉忽臭味達於戶內，公甚震驚，及夕而泉竭，不半年，燦亦亡矣。

十七、尤 燦

孝宗乾道七年生（1171）尤概次子，字仲微，生於世祿家而好藝文，既長益習經術，其業為江南士子心服。久不登第，及門受經諸生歲以百數，燦選其最貧者給食，次貧者給毫楮。士心益向燦。後嗣於從父梁為子，更名宗英。年四十時始以祖袤蔭出仕，官至衛尉寺丞，拂衣歸，仍教授諸生如故。紹定六年卒（1233），年六十三。

十八、尤 煓

字季端，袤孫，理宗朝官臨安府倅，浙東提刑。煓事蹟惟見《宋詩紀事》所載，而不見述尤氏先世之《萬柳溪邊舊話》，故不知誰後，或為庶出而無重要事蹟可述，方至於此。今《宋詩紀事》錄其詩——〈題蘇端明書乳泉賦後〉一首。

十九、尤 帶

字公垂，燦子，資稟最高，少與父門下諸名生切磋，十年讀書萬卷，性喜為詩，有復初齋詩稿十二卷行世。以伯父尤焴蔭授太常寺大祝，擢將作監主簿，以詩忤達者，去官。生一子：志。

二十、尤冰寮

袤曾孫，咸淳中官臨安別駕，著扣角吟。元方回《桐江集》〈跋尤冰寮詩〉一文極言讚歎冰寮之佳句奇思，頗為傾倒，其言「佳句如蝟毛雜出」「公好學嗜古，恬退雅淡，所存詩雖不多而句之佳者多，自足以為立言之不朽者矣」，更推言其成就名節乃家傳，上承袤、焴不朽之名節及文章，相信冰寮必能踐二父世官之業，與之鼎足青史。則袤家傳之書香氣習仍沿襲久遠，並未稍衰。

二一、尤 山

字元鎮，號終慕，焴曾孫，度宗景定中有名太學，素謹厚緘默，有志操，晚年時，宋亡，堅方訒之節不仕，或有勸之仕者，輒以醇酒醉之，私謂家人曰「吾家三百年科第，十世冠裳，宋恩渥矣，吾何忍失身二姓乎，願肥遯終身耳」遂隱於許舍山故居，杜門不出，雖異跡，然真淳厚君子也。

二二、尤 玭

字守元（一說字君玉），袤六世孫。玘長身美髯，才略過人，元初辟爲中書掾，仕至大司徒，封魏郡公。玘爲官期間多司錢穀鉤校出納，人病其繁，而玘雅事豪飲，踰石不亂率，七日宴遊，三日視事，事無大小畢辦，後代者雖程石傳參不逮也。平居不屑藝文，然操筆立就。嘗登泰山，值大雪，雞初鳴，視日出海，狂喜不自禁，飲酒無算，題長歌五百語，元明善諸公極稱之。晚年致政家居，架數十木屋於萬柳溪上，日聚親族談先世事，著《萬柳溪邊舊話》三卷。於先世事蹟保存有鉅功，此節所敘人物事蹟即多依此而論，尤氏家族世系亦多賴以知悉，頗具家譜之效。又著有《歸閑堂稿》，存其詩文作品。

二三、尤居敬

尤玘曾孫，洪武十三年七月建書堂，堂後鑿小池，啓土未滿一尺有大黃石焉，居敬疑之，命工勿鑿，至夜親啓石視之，則白金兩小罌在焉，躬抱石覆，不令外人知也。至二十年，歲大旱，斗米二百錢，居敬曰此金可用矣，乃出一罌，衡之百兩，悉以買米麥散之周十里之人，復煮粥於門以食不能舉火者，銀盡而麥熟矣。至二十五年復大旱，仍啓所存一罌，其數逾於前，復散火煮粥如前，故鄉人德之，稱其里爲尤圖。

二四、尤 文

居敬子，字文達，弱冠讀程朱遺書及逐初集，探其淵源，有千馴弗視，一介不取之意。受袤之影響不可謂不深。洪武中舉明經秀才不就，永樂十七年詔舉孝廉得十五人，文與焉，行人盧玉齎敕書徵之，以母老辭，學者稱務樸先生。著有《一梅軒日記》、《語錄》二卷。年踰八十仍講學不倦，其門人私諡恭靖。

二五、尤 實

尤文之弟，字實達，洪武二十九年登丙子科鄉書第四名，永樂四年舉林端榜進士，授南昌府同知。實閑律法，有折獄名，會守關即佩印爲假守銅羅障賊起檄，實司餉以勞卒，贈中憲大夫。明洪武中實曾大會族人於覺林寺祠屋中，尋求先祖玘所著《萬柳溪邊舊話》，得之則已簡斷墨闇。不可讀者逾半，遂命門人許靈就燈下鈔其完者以歸。恨全帙之不得，否則尤氏家族世系及事蹟將更詳實可考，不致於今斷簡殘篇，略有缺漏。數年後，實佐南昌攝郡篆捐俸刊木以傳之，則成今見本之首版，後實之子孫又曾據以翻刻，嘉靖中玘八世孫魯重刻於家塾，瑛帥粵中又刻之憲臺，以續流傳。今本通作一卷，與玘所著三卷相去甚多，可見流失資料之多，然以其餘篇觀之亦足稍見尤氏家族風範事跡了。

二六、尤 質

據《震川文集》卷十五〈遂初堂記〉所載，知質為袤之十四世孫，字叔野，感於袤所藏書之堂焚毀於宋理宗時，故以已意欲規復之。歸有光記云：「公十四世孫質，字叔野，求其遺址而莫知所在，自以其意規度於山之陽，為新堂仍以遂初為扁，以書來求余記之」後世之孫規復先人遺跡之心可謂良苦。

二七、尤 侗

袤十八世孫，清代著名才子，名聲與其祖袤相當，文學史上同耀光芒，為尤氏聲名最顯赫之二人。侗字同人，更字展成，號悔庵，晚號艮齋，又號西堂老人。以鄉貢除永平推官，坐事降調。康熙中召試鴻博，授檢討，歷官侍講。其詩詞古文，才既富贍，復多新警之思，每一篇出，傳誦遍人口，少嘗為遊戲文，流傳禁中，世祖見之，歎為「真才子」。後入翰林，聖祖康熙稱為「老名士」，並賜予「真才子，章皇天語，老名士，今上玉音」之堂楹。侗性和易，與物無忤，汲引後進。卒年八十七。著述甚富，所著《西堂雜俎》及述祖詩皆言及其先世遞承，而適為尤氏族蕃衍之總論歸納。

侗以南宋四家中獨其祖袤集不傳於世，感於「子孫不孝，未能奉守典章，致先賢手澤委諸草莽」痛心疾首之餘，搜羅輯佚，得友人朱彝尊之助，得古今詩四十七首，雜文二十六首，彙成二卷，名曰《梁谿遺稿》，康熙三十九年刊行傳世以慰其祖。

二八、尤興詩

袤二十三世孫，於侗刊行袤集百餘年後，又感袤集將散亡，慨歎之餘，「爰亟重鐫，以貽久遠，諗後人勿再失守墜緒」，此次重刊在道光元年，踵繼尤侗保存祖先作品之佳行。袤集殘篇得以傳今，二位族孫功不可沒。

綜觀尤氏人物事蹟，知尤氏自晉江遷許舍後，代有顯人，然名位最著者為尤袤，但袤之所以能如此，其前後時代之顯人對其影響及發揚，皆有群星傍月之功。始祖尤叔保之雄財遺愛子孫。尤輝歷官顯貴之激勵。父親尤時亨至孝、好客、俠義正直的作風直接影響袤生平之行事。孫尤玘的纂寫《萬柳溪邊舊話》以存袤之生平事蹟。尤實的首次刊刻《萬柳溪邊舊話》，保存斷簡殘篇，使後人猶得見焉。尤魯、尤瑛的續刻，使得延續。尤侗煞費苦心的蒐羅袤散佚之作品，並雕板刊刻以利傳世。尤興詩的續刻遺稿，使袤集無至於斷亡，其功皆居厥偉。凡此種種對於尤袤的了解皆有相關性的助益。

尤氏家族的書香氣習自叔保善書習畫始，尤袤踵繼發揚至極盛，位列南宋四大

家之一，後經尤概、尤棟、尤森、尤焴、尤燿、尤冰寮、尤玘等子孫之陸續承襲，偶發文學鋒芒，不使間斷。至清文學大儒尤侗再次發揚，可謂完美總結者，與尤袤前後遙應，形成尤氏傲人的文學風範，於此可見袤於家族中之地位及影響。

第二章　尤袤生平事蹟考

第一節　尤袤生卒年考

　　欲考尤袤生平事蹟，須先定其生卒年。今遍閱文獻記載，尤袤生卒年有數種說法，故須加以考定。尤袤生年各家所載一致，為高宗建炎元年（即欽宗靖康二年）歲次丁未。至於卒年則各家不同，今詳具生年之可信資料，再就卒年考證，以確定尤袤之年壽。

　　尤玘《萬柳溪邊舊話》載尤袤生年明言「文簡公生靖康丁未」，又《紹興十八年同年小錄》載尤袤云：「第三甲第三十七人尤袤，字延之，小名盤郎，小字季長，年二十二，二月十四日生」今據所載，察紹興十八年歲次戊辰（1148），上推二十二年，正為高宗建炎元年（欽宗靖康二年），歲次丁未（1127）。據上所載，尤袤生於高宗建炎元年二月十四日，歲次丁未，確屬無疑。

　　袤之卒年，據《宋史》卷三八九尤袤本傳云：「……上封事曰『……如陳源者奉祠，人情固已驚愕，至姜特立召，尤為駭聞……』時上已屬疾，國事多舛，袤積憂成疾，請告不報，疾篤乞致仕，又不報，遂卒，年七十」則袤卒於宋寧宗慶元二年，西元 1196 年。然《萬柳溪邊舊話》則云：「陳源、姜特立召用，人情驚駭，公上封事，極言二人之惡，不聽，時公年七十，遂引年歸，又八年薨。《宋史》言年七十終於位，誤也（自註：文集可考）。」又云：「文簡公致政歸，不居許舍山，專居束帶河大第，數步即出西關渡梁溪，因造圃梁溪之上，後有高崗眺望，沿溪左種梅，右種海棠，各數百樹」意指袤年七十致仕後隱於梁溪達八年方卒，年七十八，故卒於宋寧宗嘉泰四年，歲次甲子，西元 1204 年。鄭騫撰《宋人生卒考示例》則否定前二說而又定一新

數，考袤之卒年爲光宋紹熙四年，歲次癸丑，西元 1193，其說證據如下：

> ……彭龜年《止堂集》十九〈挽尤尚書詩〉自注云：「癸丑秋」。《宋史》三八九本傳：「上封事曰『……如陳源者奉祠，人情固已驚愕，至姜特立召，尤爲駭聞。……』時上已屬疾，國事多舛，袤積憂成疾，請告不報，疾篤乞致仕，又不報，遂卒，年七十」。按「陳源特與在京宮觀」在紹熙四年二月，「召浙東總管姜特立」在同年五月，光宗自紹熙二年冬得疾，至四年益劇。以上諸事俱見《宋史》三十六〈光宗紀〉。紹熙四年以前召陳姜事尚未發生，紹熙五年其事過去已久，何必再提，且是年光宗讓位，朝局已變，此封事爲紹熙四年所上無疑。觀本傳所記可知上封事後不久即卒，證以彭止堂詩注，卒於紹熙四年癸丑蓋無問題。此外，陸游《渭南文集》四十一〈尤延之尚書哀辭〉云：「別五歲兮，晦顯靡同，書一再兮，奄其告終」。放翁淳熙十六年己酉官於臨安，與延之同朝，其年十一月罷官歸里，自是至嘉泰三年癸亥，家居凡十五年，具見近人于氏撰《陸游年譜》。己酉歸里與尤作別，至癸丑首尾五年，此五年中，延之仍官於朝，故哀辭云：「別五歲兮，晦顯靡同」是亦卒於癸丑之一旁證。……其壽應爲六十七。（《宋人生卒考示例》）

鄭氏以《止堂集注》、《宋史》辯駁〈渭南哀辭〉三點來考察卒年而定爲紹熙四年。並對《宋史》及《萬柳溪邊舊話》所載加以駁斥：

> 《宋史》本傳云年七十，想是傳聞之誤。……《萬柳溪邊舊話》云：「陳源姜特立召用，人情驚駭，公上封事極言二人之惡，不聽，時公年七十，遂引年歸，又八年薨。《宋史》言年七十終於位，誤也」其下有注云：「文集可考」按：《舊話》著者尤玘爲宋末元初人，《宋史》成於元末，玘何由預知其書而糾正其誤。且《舊話》既云延之生於丁未，上封事在癸丑亦無問題，何以不云：「公時年六十七」而仍襲《宋史》「七十」之說？此亦不可解者。此段文字之眞實性極爲可疑，蓋明以後人竄入，今不取其說而附識於此。延之文集散佚已久，無可考矣。《舊話》又有一條云：「文簡公致政歸，不居許舍山，專居束帶河大第。數步即出西關渡梁溪，因造圃梁溪之上，後有高崗眺望，沿溪左種樹，右種海棠，各數百樹」，頗似延之眞曾優游林下者，蓋亦作僞所捏造，以自證其致仕歸後八年始卒之說也。（《宋人生卒考示例》）

除鄭氏所提紹熙四年外，今察《常州先哲遺書》之《梁谿遺稿》卷末所附之家譜本傳云：「公生靖康丁未，卒紹熙甲寅，享年六十有八，史稱七十，舉全數耳」，則又

有卒年爲紹熙五年之說。然鄭氏無見於此，故對於錢椒《補疑年錄》，梁延燦《歷代
名人生卒年表》，姜亮夫《歷代名人年里碑傳總表》所引之紹熙五年說認爲「無佐證」
而斷爲「非是」，是亦疏矣。

今觀前述尤袤卒年之說有四：

一、紹熙四年，歲次癸丑（1193），《宋人生卒考示例》採此說

二、紹熙五年，歲次甲寅（1194），《家譜本傳》記載

三、慶元二年，歲次丙辰（1196），《宋史》記載

四、嘉泰四年，歲次甲子（1204），《萬柳溪邊舊話》記載

於此四說紛紜之際，吾人勢需徵引其他旁證資料來判斷究竟尤袤卒年何屬？今察陳
傅良《止齋先生文集》卷九《挽尤延之尚書》有言「令人長恨經綸意，歷事三朝見
一斑」，可知尤袤只經歷三朝高宗、孝宗、光宗。又陳傅良卒於嘉泰三年。則以此二
事實，慶元二年及嘉泰四年之說皆不足成立，因前者不符歷三朝之事實，後者則非
但不符三朝之實，更不可能尤袤後於止齋而卒，否則止齋如何爲袤書寫挽詞？然夏
承燾所編《姜白石繫年》卻以姜夔曾謁見尤袤論詩之事實而主張《萬柳溪邊舊話》
之說，其論敘述如下：

> 寧宗慶元二年丙辰冬，與俞灝、張鑑、葛天民自武康同載詣無錫。（慶
> 宮春序）。止無錫月餘，（姜譜），謁尤袤論詩。姜譜注：「謁尤延之當在爾
> 時」。案：《萬柳溪邊舊話》記袤當陳源、姜特立召用，人情驚駭，上封事
> 極言二人之惡，不聽，時年七十，遂引年歸。《舊話》記袤生靖康丁未，
> 則歸梁溪正在此年，《宋史》四六九〈陳源傳〉：慶元元年貶居撫州，二年
> 以生皇子之恩，將許自便，爲給事中汪義端所駁，仍移婺州。袤上封事，
> 當在此時。《宋史》四七〇〈姜特立傳〉僅云：「寧宗即位，特立遷和州防
> 禦使，再奉祠」不云被彈。《舊話》又載袤致政歸，不居許舍山，造圓溪
> 上，似亦與詩集自序過梁溪見袤之語合。
>
> 陳譜謂淳熙十六年五月，延之被逐歸梁溪，白石過梁溪見尤在淳熙十
> 六年之秋。殊誤。

其所論述雖有事實之處，然時間之判定則猶可商榷：首先我們來討論姜夔謁見尤袤
論詩之情狀，究竟如何：今察〈白石道人詩集自序〉：「近過梁谿見尤延之，先生問
余自誰氏」則姜夔確曾親見尤袤，然二人相見之時間是否就在慶元二年？想未必也。
察《無錫金匱縣志》卷四十〈雜識〉載「姜夔至無錫謁尤文簡論詩。丙辰之臘嘗寓
邑之新安溪，作〈江梅引〉、〈浣溪紗〉等詞。其下小注云：『案夔以慶元二年丙辰冬
自吳興詣梁溪，道經松江見慶宮春詞，序其詞。又有丙辰歲不盡五日松江作一闋，

是其至錫在臘尾矣」又察《錫金考乘》卷八:「（姜夔）嘗寓無錫,與尤袤講論詩派……又丙辰之冬予留梁溪詣淮不得,丙辰臘寓新安溪莊舍,丙辰冬自無錫歸諸詞並見姜白石集」,而姜夔慶宮春詞序明言「紹熙辛亥（二年）除夕予別石湖歸吳興……後五年冬（慶元二年）復與俞商卿、張平甫、銛朴翁自封禺同載詣梁溪」,觀以上三記載皆可確認姜夔曾於寧宗慶元二年冬至無錫,然並無指明謁尤袤論詩之時即在此年,只言姜夔「曾」見袤而論詩而已。尤袤歸梁溪家居之時有二:一為淳熙五年持淮南使者之節而歸,一為淳熙十六年以論事忤權倖而去國歸鄉。前時姜夔方二十一歲,尤袤亦入朝未久,二人相會論詩之可能性不大。後時姜夔年三十二,且袤時與楊萬里、陸游等大家酬唱,聲名已大噪。故姜夔於淳熙十六年秋訪袤並論詩之可能性極大。再看〈白石道人詩集自序〉言「余識千巖於瀟湘之上,東來識誠齋石湖,嘗試論茲事而諸公咸謂其與我合也」,按姜夔識千巖於淳熙年間,識誠齋於淳熙十四年三月,經蕭德藻之介而袖詩謁之,誠齋又以詩往見范成大。於此接連相識名流諸公後再於十六年秋往見當時尤袤,試探袤意為何,於得知相同結論時,遂發論以歎之。此一時間上之推理頗符實情。陳思編《白石道人年譜》即謂二人相會於此年秋,正是也。再則論《姜白石繫年》載上封事之時為慶元二年之誤。今觀《宋史》尤袤本傳所載「兼侍讀,上封事曰」行文。察尤袤兼侍讀一職始於光宗紹熙四年三月,陳傅良《止齋集》「正議大夫守給事中兼侍講尤袤除禮部尚書兼侍讀」一文小注云:「四年正月十一日除禮部,三月二十日兼侍讀,二詞並行」可證。則在四年三月兼侍讀後即言上封事,以此行文連續之關係,則可斷言上封事應在四年無誤。再則上封事之內容為斥陳源、姜特立奉召之事,《宋人生卒考示例》所言上封事之時間推論甚合理。三則袤身歷三朝的事實皆足以證明尤袤上封事論陳源、姜特立事是紹熙四年,而非寧宗慶元二年。

　　排除二種說法以後,只剩紹熙四年及五年二說了。此二說相距僅一年,於判斷上頗具困難,然吾人找尋了佐證來確定卒年。察彭龜年《止堂集》卷十七有〈挽尤尚書詞〉二首,其云:「太史疾已革,君王意尚疑」又云:「奪公何太速,誰與問蒼天」,以此數句證以《宋史》本傳所云正相符合。《宋史》載「時上已屬疾,國事多舛,袤積憂成疾,請告,不報,疾篤乞致仕,又不報,遂卒」,而《止堂集》挽詞所言尤袤疾病已危急,而光宗仍不批擬之情形正符合《宋史》所載,而「奪公太速」亦恰為「疾篤乞致仕,又不報,遂卒」之注腳。觀以上所指,則尤袤當卒於上封事完後不久,應為光宗紹熙四年,年六十七。然《宋史》本傳所敘尤袤卒前情形雖正確無誤,而其卒歲卻言「年七十」,則不符合紹熙四年之卒,如尤袤年七十,應於寧宗慶元二年卒。如此前正後誤之敘述頗令人不解,鄭騫《宋人生卒考示例》稱是「傳

聞之誤」而誤記所致。吾人今找不出其他解釋之前，惟暫以此釋之。至於家譜本傳何以稱袤年六十有八？不得而知，以紹熙四年之說證據確鑿，故今不取五年之說。

尤袤卒於光宗紹熙四年，已經多證而確定之，故鄭騫《宋人生卒考示例》所斷言者方爲確論。附帶所及《宋史》載「遺奏大略勸上以孝事兩宮，以勤康庶政，察邪佞，護善類，又口占遺書別政府。明年，轉正奉大夫致仕，贈金紫光祿大夫」之解釋。《萬柳溪邊舊話》朱文藻案語云「……夫既云疾篤，且有遺奏遺書而又云明年轉正奉大夫致仕，史文倒置，舛謬已甚……」，鄭騫《宋人生卒考示例》則已駁之如下：

> 騫按：宋代官員致仕，例有恩澤，或轉官贈爵，或賜銀絹，或二者兼有之，故生前未及致仕者，每於死後追許致仕，以便給予恩澤。《宋史》本傳云延之卒之明年轉官致仕，即是此種情形。史文並未倒置舛謬，且正足以證明延之生前未曾致仕，更無所謂歸引。

今再察大陸版辭源「致仕」條下亦云：「南宋以居官致仕必有恩禮，常有既死以後其家方乞致仕者。《宋史》列傳中於卒後書致仕者不一」，足證鄭氏所言。

經詳細論說、分析、舉證後，我們確定尤袤是生於高宗建炎元年（1127），而卒於光宗紹熙四年（1193），享年六十七。死後一年方以追封正奉大夫之職致仕，贈金紫光祿大夫。

第二節 尤袤事蹟繫年

此節以繫年方式敘述尤袤生平，且因袤至今無人爲其作年譜，故今試著遍察資料，蒐羅輯佚，使其事蹟再爲世人所知。

高宗建炎元年丁未（1127）一歲

尤袤生。

> 《萬柳溪邊舊話》云：「文簡公生靖康丁未。」
>
> 《紹興十八年同年小錄》云：「尤袤字延之，小名盤郎，小字季長，二月十四日生……本貫常州無錫縣開化鄉白石里。」

高宗紹興元年辛亥（1131）五歲

尤袤因資質絕人，此時已能爲詩句，其從祖尤輝歎曰「此天上騏驎，吾不如也。」（《萬柳溪邊舊話》）

高宗紹興六年丙辰（1136）十歲

尤袤因穎異過人，時人呼爲奇童，並以上薦於有司。

> 《宋史》三八九尤袤本傳云：「少穎異，蔣偕、施坰呼爲奇童。」

> 《萬柳溪邊舊話》云：「十歲（尤輝）親授以經，蔣偕、施坰以神童薦於有司。」

高宗紹興十一年辛酉（1141）十五歲

尤袤入太學，並以詞賦冠諸士。

> 《宋史》三八九本傳云：「入太學，以詞賦冠多士，尋冠南宮。」

> 《萬柳溪邊舊話》云：「年十五，以詞賦爲諸士冠。」

高宗紹興十七年丁卯（1147）二十一歲

秋，袤父時亨卒，年四十五，葬於吳塘山，延之廬於墓者達三年。始葬十日，發生月夜萬燈滿湖，叱聲震地之事。

> 《萬柳溪邊舊話》：「閩僧普明喜爲人相葬地，文簡公父雲耕翁卒，普明偏相吳塘山之陽而葬之。文簡公廬於墓者三年，其始葬方十日，月夜見萬燈滿湖，叱聲震地，文簡公懼，與二三僮僕棲隱喬松之下。空中問曰『此地發福三百年，彼人子有何德而畀之，速令發去』又聞空中高聲應曰『尤時亨累世積德，袤又純孝之子也』空中又曰『世德純孝，可當此地矣，其善護之』此紹興十四年秋事也。文簡公服闋即登上第，祖孫皆尚書，至不肖玘凡六世而金紫未絕。」

> 《常州先哲遺書》本《梁谿遺稿》所附之家譜本傳：「方文簡公喪父，廬墓三年，一慟累日，卜葬吳塘，始葬十日，見萬燈滿湖，叱聲震地，公懼隱喬松之下，聞空中曰『此地發福三百年，彼人子何德而畀之，速令發去』又聞空中應曰：『尤時亨累世積德，袤又純孝子也』空中又曰『世德純孝，可當此地矣，其善護之』紹興十四年秋事也。……」

> 《錫金識小錄》引〈錫山景物略〉：「尤延之葬父時亨於吳塘山，廬墓者三年，一夕見鐙光蔽湖，有神舟抵岸，山神往迎之，舟中神叱曰『此大地發福當三百年，誰敢當者，爲嚙我褫之』山神俯首喏，神忽不見。延之悲痛不知所出，伏墓長號，水漿不入口者三日，夜湖神復至，山神具以狀告，神曰孝子也，可當之矣。明年延之服闋登第，六世金紫不絕。」

按：《萬柳溪邊舊話》及《家譜本傳》皆言尤時亨卒，尤袤廬於墓者之年爲紹興十四年，然《舊話》及《錫金識小錄》皆載袤服闋時即登第，且在時亨卒之次年。今察

尤袤於紹興十八年登進士第，則時亨之卒應在紹興十七年，如此方符袤服闋登第之說。又察袤之家世亦可證此卒年應爲紹興十七年，尤袤之祖尤申生於神宗熙寧七年（1074），年三十而生時亨，則時亨生年爲徽宗崇寧二年（1103），年四十五時亨卒於勞瘵（詳見家世考）。則往後推算時亨卒年爲高宗紹興十七年，西元 1147 年，正符合前說，故《舊話》及《家譜本傳》所云紹興十四年或爲傳聞記載之誤，今全改作紹興十七年，以符史實。

　　尤袤之母耿夫人亦卒，年四十五。

　　　　《萬柳溪邊舊話》：「耿夫人一慟，亦卒，公（時亨）與耿夫人同年同月生，只不同日耳，而卒則無不同，人咸異之。」

高宗紹興十八年戊辰（1148）二十二歲

　　登進士第，本爲狀元，然因不呈卷予秦檜，故易以王佐。

　　　　《宋史》本傳：「紹興十八年擢進士第。」

　　　　《紹興十八年同年小錄》：「第三甲第三十七人尤袤，字延之，小名盤郎，小字季長，年二十二，二月十四日生，外氏耿永感下第百九，兄弟四人二舉，娶唐氏。」

　　　　《萬柳溪邊舊話》：「毗陵自置郡以來未有舉進士，第一人者文簡公，二十二歲名冠南宮，廷擬狀元，因不呈卷秦檜，易以王佐。」

　　　　《西神叢語》卷二十：「尤文簡公試禮部，居第一，廷擬狀元，不肯呈卷于秦檜，檜以王佐易之。是科不呈檜卷者只有二人，公與朱晦菴也。」

按：尤袤娶唐氏不知何年。有載袤妻唐氏者惟《紹興十八年同年小錄》及《家譜本傳》，《家譜本傳》載「公夫人唐氏生二子，長槼以蔭生累官工部侍郎，次槪淳熙進士，官太常博士」亦甚簡略，皆無從知悉袤娶唐氏確切之年。即使袤之二子亦無從知悉其生年，吾人不得不慨歎史科之缺漏。

　　從喻樗遊，學益精進。

　　　　《咸淳毗陵志》：「登紹興十八年第，從工部玉泉喻樗遊，樗，龜山先生高弟也。樗以所得龜山講明授之，由是學益進。」

　　　　《宋史》本傳：「袤少從喻樗、汪應辰游，樗學於楊時，時，程頤高弟也。」

　　按：尤袤所從游之喻樗，學於楊時（龜山），楊時又爲程頤弟子，則尤袤乃爲程學一派，亦接續程子之道，時人亦視爲道學家之一，《宋元學案》分別將之歸於〈龜山學案〉及〈玉山學案〉。曾宣揚道學之義，亦造就不少門生，詳論待後敘之。

高宗紹興二十五年乙亥（1155）二十九歲

作〈青山寺〉詩，描述湖光山色之美。

> 崢嶸樓閣插天開，門外湖山翠作堆，
>
> 蕩漾煙波迷澤國，空濛雲氣認蓬萊，
>
> 香銷龍象輝金碧，雨過麒麟駁翠苔，
>
> 二十九年三到此，一生知有幾回來。

按：詩中云二十九年三到此，則據此知袤當時為二十九歲。

高宗紹興三十一年辛巳（1161）三十五歲

時袤任泰興令，哀民間疾苦，作〈淮民謠〉。

> 《三朝北盟會編》：「紹興三十一年金主亮傾國入寇，嘗以淮南置山水寨擾
> 民，泰興令尤袤竊哀之，作〈淮民謠〉。」

> 《梁谿遺稿補遺》載淮民謠：「東府買舟船，西府買器械，問儂欲何為，
> 團結山水寨，寨長過我廬，意氣甚雄麤，青衫兩承局，暮夜連句呼，句呼
> 且未已，椎剝到雞豕，供應稍不如，向前受笞箠，驅東復驅西，棄卻鋤與
> 犁，無力買刀劍，典盡渾家衣，去年江南荒，趁熟過江北，江北不可往，
> 江南歸未得，父母生我時，教我學耕桑，不識官府嚴，安能事戎行，執槍
> 不解刺，執弓不能射，團結我何為，徒勞定無益，流離重流離，忍凍復忍
> 飢，誰謂天地寬，一身無所依，淮南喪亂後，安集亦未久，死者積如麻，
> 生者能幾口，荒村日西斜，破屋兩三家，撫摩力不給，將奈此擾何。」

尤袤為泰興令，為民解困，築防固城，勵精圖治，使縣城免於金人犯邊之難，並協
助朝廷抗金，泰興縣民為立生祠以謝之。

> 《宋史》本傳：「曾為泰興令，問民疾苦，皆曰『郡伯鎮置頓，為金使經
> 行也，使率不受而空屬民。漕司輸槁秸，致一束數十金。二弊久莫之去』
> 乃力請臺閫奏免之。縣舊有外城，屢殘於寇，頹毀甚，袤即脩築。已而金
> 渝盟，陷揚州，獨泰興以有城得全。後因事至舊治，吏民羅拜曰『此吾父
> 母也』為立生祠。」

> 《建炎以來繫年要錄》卷一九四：「紹興三十一年十有一月壬辰，拱衛大
> 夫，忠州刺史，殿前司右軍統制王綱以所部至泰興縣，時知縣事尤袤猶堅
> 守不去，翌日金人遊騎至城下，剛率眾拒之。」

孝宗隆興元年癸未（1163）三十七歲

注江陰學官，需次七年，為讀書計。（《宋史》本傳）

按：後召袤為將作監簿，時間在乾道五年前，因乾道五年袤受召為大宗正丞。

孝宗乾道五年己丑（1169）四十三歲

八月陳俊卿爲尙書左僕射，以用人爲己任，擢袤爲大宗正丞。

《宋史》本傳：「大宗正闕丞，人爭求之，陳俊卿曰『當予不求者』遂除袤」
虞允文爲右僕射，亦以人才爲急。尤袤時亦爲所用。

《誠齋集》卷一二○〈虞公神道碑〉：「及爲相，首用胡銓、張震、洪适、梁
克家、留正、鄭聞、周執羔、王希呂、韓元吉、林光朝、丘崇、晁公武、呂
祖謙、張珖、楊甲、王質、辛棄疾、湯拜彥、王之奇、尤袤、王佐、王公袞，
又用呂原明、司馬康故事，薦張栻入經筵，又薦布衣李彝制科，一時得人之
盛，凜凜有慶曆元祐之風。」

孝宗乾道七年辛卯（1171）四十五歲

五月除秘書丞。

《宋史》本傳：「虞允文以史事過三館，問誰可爲秘書丞者，僉以袤對，巫
授之。張栻曰『眞秘書也。』」

《南宋館閣錄》：「乾道七年五月除祕書丞。」

十二月以祕書丞兼國史院編修官，再兼實錄院檢討官（《南宋館閣錄》）。

尤袤和楊萬里初識於臨安，頗見欽佩相敬之情。

《誠齋集》卷七十九〈益齋藏書目序〉：「予於朝蹟最末至，故雖與天下之英
俊並游，然閱三數月，識其面未徧也，既未徧識其面，未能徧交其人。一日
除書下，遷大宗正丞尤公延之爲祕書丞，吾友張欽夫悅是除也，曰『眞祕書
矣』，予自是知延之之賢，始願交焉。」

按：楊萬里時因宰相陳俊卿，虞允文交薦於朝，故於臨安受任國子博士，因而得以
結識尤袤。

張說簽書樞密院書，士論鼎沸，袤亦上書極諫。

《宋史》本傳：「先是，張說自閤門入西府，士論鼎沸，從臣因執奏而去者
數十人，袤率三館上書諫，且不往見。」

按：尤袤之友張栻即因執奏論張說而出守袁州，楊萬里因此事而抗疏留栻，然栻不
果留。

孝宗乾道八年壬辰（1172）四十六歲

正月九日，以祕書丞參與考試選才，任點檢試卷官。

《宋會要輯稿》冊一一五〈選舉〉二○：「八年正月九日，命……參詳祕書
丞尤袤……點檢試卷。」

是年陸九淵考上進士，尤袤、呂祖謙為考官。

> 《象山先生全集附年譜》卷三十六：「乾道八年壬辰，先生三十四歲，春試
> 南宮奏名，時尤延之袤、知舉呂伯恭祖謙為考官，讀先生易卷至『狎海上之
> 鷗，遊呂梁之水，可以謂之無心，不可以謂之道心，以是而洗心退藏，吾見
> 其過焉而溺矣。濟溱洧之車，移河內之粟，可以謂之仁術，不可以謂之仁道，
> 以是而同乎民交乎物，吾見其淺焉而膠矣』繫節嘆賞，又讀天地之性人為貴
> 論至『嗚呼，循頂至踵皆父母之遺體，俯仰天地之間，惕然朝夕求寡乎愧怍
> 而懼弗能，倘可以庶幾於孟子之塞乎天地而與聞夫子人為貴之說乎』愈加嘆
> 賞，至策文意俱高，伯恭遽以內難出院，乃囑尤公曰『此卷超絕有學問者必
> 是江西陸子靜之文，此人斷不可失也』又併囑考官趙汝愚子直，二公亦嘉其
> 文，遂中選。」

五月遷為著作郎，並兼實錄院檢討官（《南宋館閣錄》）。

中秋日，作〈汪逵家藏禊敘跋文〉。

> 《梁谿遺稿‧跋蘭亭》八首之二：「司業汪逵家藏禊敘至多，內一軸首跋乃
> 康伯，可是轉摹失真爾，此本良是定武古本，但定武世以斷損帶流右天四字
> 為真，而此獨完好，然精采乃與唐人鉤摹本不異，殆是定武以前未斷損者邪。
> 乾道壬辰中秋日，錫山尤袤跋。」

孝宗乾道九年癸巳（1173）四十七歲

六月十四日以著作郎兼太子侍讀。

> 《宋會要輯稿》冊六十四〈職官〉七：「六月十四日詔祕書少監陳騤兼太子
> 左諭德，祕書省著作郎蕭國梁兼太子侍講，著作郎尤袤兼太子侍讀。」

十月，張說密奏，宰相梁克家因此罷相，尤袤亦因諫書而出知台州。

> 《宋史》本傳：「後說留身密奏，於是梁克家罷相，袤與祕書少監陳騤各與
> 郡，袤得台州，州五縣，有丁無產者輸二十年丁稅，凡萬有三千家。」
>
> 《南宋館閣錄》：「乾道九年十月知台州。」
>
> 按：台州五縣為臨海、黃巖、天台、仙居、寧海五縣

台州任內都酒務及商稅務因火付之煙滅，尤袤重建之。

> 《赤城志》卷五：「都酒務在州東南一里，房廊務造麴庫附焉，乾道九年火，
> 尤守袤重建」赤城志卷五：「商稅務在州南一里，抵當庫平準務附焉，乾道
> 九年火，尤守袤重建。」

孝宗淳熙元年甲午（1174）四十八歲

在台州任。

作詩〈甲午春前得雪三首〉。

按：依其歲次甲午，故斷爲此年之作。詩云：

一：寒聲昨夜響蕭蕭，逗曉階前亦已消，
　　殘臘距春無幾日，一年飛雪只今朝，
　　微陽欲動梅驚萼，餘潤纔沾麥放苗，
　　天意未能違物意，漫留殘白占山腰。

二：飛霙回旋逐風飄，爽氣令人意欲消，
　　荏苒流年春送臘，殷勤密雲暮連朝，
　　冬回庾嶺花無數，煙煖藍田玉有苗，
　　一飽自今眞可望，更自南畝麥齊腰。

三：凍雲排陣擁山椒，待伴還應不肯消，
　　皎月冰壺千頃夜，冷煙茅屋幾家朝，
　　梅枝堆亞難尋萼，萱草侵淩不辨苗，
　　殘甲敗鱗隨處是，被誰敲折玉龍腰。

孝宗淳熙二年乙未（1175）四十九歲

在台州任內，續前守趙汝愚未竟修復之業，又更張興建，使益完善。

《宋史》本傳：「前守趙汝愚修郡，工纔什三，屬袤成之，袤按行前築；殊鹵莽，亟命更築，加高厚，數月而畢。」

《萬柳溪邊舊話》：「張說入西府，公率三館上書，忤說補外，守台州，聲名同前守趙汝愚。」

按：《赤城志》卷九載「淳熙二年十月三日以承議郎知（台州）」，則與尤袤因忤說而出知台州之時間有所衝突。今觀《赤城志》本文所載都酒務及商稅務毀於火神而袤重建於乾道九年之事實，知尤袤於乾道九年十月即已貶至台州，且已整治台州事務。故非如《赤城志》所言於淳熙二年方出任台州。

尤袤次子尤概登詹騤榜進士。

孝宗淳熙三年丙申（1176）五十歲

在台州任，秋，大雨，建築遭損，大肆修整，城得以全，邦人歌之。

《宋史》本傳：「明年大水，更築之，塘正直水衝，城賴以不沒。」

《赤城志》卷五：「三年，秋大雨，城又幾墊，尤守袤極力隄護事，竟復修城，城全，邦人歌之。」

創建樂山堂、霞起堂於台州任內，並各有詩文紀事。

《赤城志》卷五：「樂山堂在清平閣下，淳熙三年尤守袤建，取仁者樂山之義」又「霞起堂在靜鎮堂後，淳熙三年尤守袤建，取孫綽賦赤城霞起之句」

《梁谿遺稿‧樂山堂詩》：「草堂有遺基，榛莽歲月久，我來始經茸，把翠開戶牖，群山供笑傲，萬象皆奔走，所以名樂山，欲企仁者壽。」

《梁谿遺稿補遺》載〈台州郡圃雜詠〉五首之五〈霞起堂〉：「□□赤城山，霞色起夜半，建樗自古□，□□羡吟翫，僊人□□□，招手若可喚，彤光射胸臆，三咽骨自換。」

《梁谿遺稿‧霞起堂記》：「雙巖堂踞兩崖之間，獨得地勝，其下面牆廣不尋丈，擁蔽心目，不快人意，予首闢之，牆之外糞壤所瀦，乃墾乃夷爲舊址焉。撤廢亭於射圃，移植其上。榜曰凝思，取孫興公賦所謂凝思幽巖者也。亭之前有敗屋數椽，東向西上榱棟撓折，隅奧庳仄，乃改創爲堂，三楹南鄉與靜鎮堂相直，因名曰霞起，由雙巖而望靜鎮，直若引繩，其外繞以迴廊，上連參雲，以爲風雨游觀之備，爰植美竹以經緯之，於是堂成而勝，益奇前所未睹，披窾呈露，天若開而明，地若廣而敞，景物若增益而富，晨煙夕霏，萬化千變，近峰遠嶺，間見層出，皆可不出簷廡而盡得之，噫，是亦足以廣心志，蕩塵垢，而非苟以爲娛也，惟此邦靈山所宅，昔號勝處，自經大旱，遂成陋邦，而山川之秀，不異今昔，或謂予當單乏之際，顧爲此不急之務，然取材於舊，課工於卒，不市一木，不役一民，而使隘者敞，窒者通，弊者新，則亦何害於政哉，第廢材不足以支久，尚能十稔，若其革而鼎之，以俟後之居子，始役於淳熙三年正月己未，成於二月壬午。」

尤袤重修台州境內館閣清平閣及天台館，使州府面觀煥然一新。

《赤城志》卷五：「清平閣在節愛堂右山上，舊在堂前，賀參政允中以守蕭洽清平而名，淳熙三年，尤守袤重建。」

《梁谿遺稿補遺》載台州郡圃雜詠五首之四〈清平閣〉：「舉世涸濁中，誰當清見底，崎嶇太行道，誰貴平如砥，安得□□美，如此一池水，悠悠小閣□，視水如此理。」

《赤城志》卷五：「天台館在州南一百三十步，俗名行衙，乾道九年火，淳熙三年尤守袤重建。」

尤袤始識林憲，字景思，一見如故，意甚歡喜。

《梁谿遺稿‧雪巢記》：「余來天台始識君，一見如平生歡。」

〈又別林景思〉：「二年無德及斯民，獨喜從遊得此君。」

孝宗淳熙四年丁酉（1177）五十一歲

在台州任內，創建凝思堂及舒嘯亭，皆有詩文紀事。

《赤城志》卷五：「凝思堂在霞起堂後，淳熙四年尤守袤建。尤詩云：失腳
墜塵綱，牒訴擾我懷，公庭了官事，時來坐幽齋，天風蕭冷冷，山鳥鳴喈喈，
我思在何許，獨對蒼然崖。」

《赤城志》卷五：「舒嘯亭在參雲亭後，舊名匡峰，淳熙四年尤守袤建，取
孫綽賦匡峰千嶺之句，紹興元年江守乙祖更今名。尤有詩云：小亭在山背，
不見山巍巍，但見四面風，輻湊朝宗之，深藏固甚智，自牧甘處卑，一謙受
四益，是以能不危。」

重建節愛堂，有詩文記其事。

《赤城志》卷五：「節愛堂在君子堂右，舊名燕豫，淳熙四年尤守袤重建，
取節用愛人之義，更今名。尤詩云：誰憐窮山民，糠粃不自贍，紛紛死溝壑，
往往困征斂，夫惟節與愛，是謂仁且儉，揭茲聖人言，聊用自鍼砭。」

《梁谿遺稿·節愛堂記》：「過靜鎮堂之左少南爲方池，並池而南，牆壁障礙，
敗屋傾敧，公廚以積醷醴問諸故老曰：此昔之燕豫堂也，池舊有橋，橫縱齊
度，其東爲草堂，今皆毀撤，後人因基築臺，以望月，其下枕池爲小閣，名
曰清平，臺庳且隘，不快登覽，人跡罕至，亦漸頹圮，余旣徒臺於參雲亭之
後，榜曰匡峰，以望北山。平夷舊基，更作堂曰樂山，以望西山之秀，而池
光山色且蔽於閣而不得見也，迺徒閣於池之南，因燕豫堂之基別爲堂，曰節
愛，取節用愛人之義。旁爲夾廊，而上與樂山堂通，池之北石崖盤踞，土壤
所壅，疏別理脈，發露呈顯，如枕股膊，如覆囷廩，如黿鼉之背負土而出。
西望連岡疊障，間廁隱顯，如擁鬟髻，如展旌旆，如風檣陣馬，排闥而入。
其南則恰愰二峰角立，明秀若偉丈夫冠劍而坐，雙塔亭亭，影插天半，於是
仰山俯池，遠樹近石，環列先後，若相拱揖，煙消日出，層樓飛閣，浮虛跨
空，如展圖畫，如望蓬萊之雲氣也。夫昔人經始，莫不相山川之宜，度面勢
之便，其所建立如紀綱法度井井然，悉有條理，一定而不可易，後人見其蔽
而不能復也，始出己意變更之，易其東則西廢，撤其左而右病，遂使昔之勝
概日就湮沒。今余非能有所增創也，大抵無改前規，無廢後觀，便覺天宇開
明，岩壑琺秀，林木水鳥，皆有喜色而後知昔人之規模可因而不可變也，爰
刻諸石以識顛末，尚告來者，嗣有葺焉，始欲跨池爲橋，仍其舊，池上有老
梅，惜不忍伐，遂不復作。」

尤袤於任內喜觀山水，紛紛規復舊跡。整建之餘，亦喜爲文記述舊跡，以示風雅。

計有君子堂、駐目亭、玉霄亭、雙巖堂、參雲亭等記文。

《赤城志》卷五：「君子堂在靜鎮堂前，太平興國三年畢文簡士安來守，眞宗有君子人之稱，故名。慶元元年周守曄重建。詳見牧守門。尤守袤詩云：堂堂文簡公，一世燮與皐，君子哉若人，此言聖所褒，遺愛在斯民，誰能薦牲牢，獨有坐猶地，清風仰彌高。」

《赤城志》卷五：「駐目亭在參雲亭右，慶歷七年元守絳建，取杜甫曠望延駐目之句，嘉定十六年齊守碩重建。尤詩云：攀梯上覽級，小憩得危亭，一覽盡廖廓，四山聳寒青，浩若淩太虛，翩如逐遐征，昏花拭病目，望處增雙明。」

《赤城志》卷五：「玉霄亭在參雲亭左，紹興十七曾守惇建，取玉霄峰而名，嘉定十六年齊守碩修後軒。尤守袤記云：台州南西北三面逼山，獨東望諸峰差遠雲煙，空濛外際，溟海蓬萊方丈想見其處，舊有小亭在子城之上，紹興丁卯南豐曾史君鈜父改創更名玉霄，距今三十年摧敗傾攲，岌嶪欲壓其下，昔有茂林脩竹，今皆剪伐，錯爲民居，圊圂羅列，污穢喧囂，遊者嘆息，余乃披剃蹋疏，載芟載除，四爲繚牆，以限外塗，下建石柱，上跨飛閣，出亭之外，又有六尺，凡楹棟榱桷之朽撓，疊瓴級覽之缺折，丹黃粉漆之脩剝，皆易而新之，方連周阹，可倚可眺，晨挹灝氣，夕延素月，山川城郭盡在几席之下，憑欄四望，疊障環繞，手揮絲桐，目送飛鴻，飄飄乎如乘雲御風，身在物表。州之宴遊於是爲勝，乃刻亭柱以紀歲月云。」

《梁谿遺稿補遺·台州郡圃雜詠》五首之〈玉霄亭〉：

　青山圍郡城，東望獨空遠，

　蒼茫溟海近，想像蓬萊淺，

　朝光上遺堞，雲氣接虛巘，

　羨門與安期，鸞鶴若在眼。

又〈雙巖堂〉：

　兩巖鬱青蒼，中有堂突兀，

　回廊外環繞，修竹布行列，

　懸崖上幽徑，窺壁見餘碣，

　面牆誰所築，除去礙膺物。

又〈參雲亭〉：

　昔賢已跨鶴，故跡餘參雲，

　舊德慨云遠，干霄氣仍存，

青山宿霧卷，喬木蒼煙昏，

尚想來游處，笙簫中夜聞。

袤立思賢堂於郡學，祠前舊侯三人：畢文簡公、元章簡公、章郇公。並各有贊文記其事。

《赤城志》卷四：「先是，尤守袤立思賢堂。（自注）祠畢文簡公士元，章文簡公得象，元章簡公絳，皆舊侯有惠政，後至宰輔者也。」

《梁谿遺稿·思賢堂三贊》：「畢文簡公：故大丞相畢文簡公於太平興國三年以選知台州，淳熙丁酉袤假守是邦，嘗立公之祠于郡學，獨訪遺像未獲，後三年袤來江東，而公之六代孫希文爲安仁宰，迺知公自台移饒，饒人嘗繪像于廟，遂摹得之以寄今沈使君揭示祠宇，俾邦人歲歲得蒸嘗云。

瀕海出日，聲教初暨，勞來拊循，寄乎共理。

勝求惟良，得此君子，賢哉若人，玉音嘉喟。

二百餘年，遺風髣髴，勵相我家，流澤未已。

再拜德容，尚息貪鄙，煌煌文簡，照映青史。

元章簡公：大參政章簡元公於慶曆六年來守是邦，有功在民，後一百三十四年得其畫像於裔孫康曾，繪置學宮，以慰邦人歲時之思云。

玉堂之仙，卒老東府，煜煜文章，海內咸睹。

方其未逢，出守茲土，拯民昏墊，寘之安堵。

完城浚隍，植我棟宇，百六十春，尚庇風雨。

躋彼參雲，人渺今古，天空地迥，遙接公語。

章郇公：

昭陵命相，率用厚德，顯允郇公，其儀不忒。

持循法度，恪守繩墨，規彼更張，無異跳擲。

執久不行，自觸牆壁，使用公言，治無今昔。

臨海舊邦，杳渺音澤，載詠甘棠，無慚詩蹟。」

按：三贊之文乃作於淳熙七年，依前二贊文之序可知，今爲敘述便，故置於此。

尤袤自資花費，使彭仲剛重建因火而破敝之臨海縣，並有記文敘其事。

《梁谿遺稿·臨海縣重建縣治記》：「乾道癸巳秋九月，臨海居民不戒於火，濫爛扇延以及縣治，燔蕩俱盡，當官者因陋就簡，僅能建三椽於煨燼之中，以聽獄訟，吏民無所託足，案牘無所棲列，一遇風雨則沾漬暴露，叫呼謹咴，訟牒計簿散匿吏胥之家，最易甲乙，莫可資考，縣日以不理。後三年予來爲州，有意興之，而無與任其責者。淳熙丁酉秋，永嘉彭君仲剛來主縣事，予

聞彭君舊矣，心固望其有爲，彭乃言曰：『夫環百里之地而爲之長，聚萬室之眾而聽其令，民社所寄視古子男治必有所，一邑之條教於是乎出，而司存弗備亡以施政廢之當舉，舍北孰先，然役大用彩，非受命于郡則令不得擅，敢以爲請。』予乃畀錢三十萬使營度之，是年冬予罷官歸，踰年則彭以書來告成矣，外爲重門以嚴啓閉，上建層樓以斂敕書，治事有廳，燕居有室，翼以脩廊，挾以外廡，吏直賓次，環列有序，奧者爲藏，爽者爲獄，爲亭於大門之外，以班紹令，爲閣於東廡之上，以藏案牘，爲堂爲齋爲軒以備宴休遊息之地，下至於庖湢之所，微至於什器之末，雜至於丹雘甃礱之事，纖悉畢具，規撫堅壯，工用精密，總爲屋八十有一，楹中鑿五池，潴水爲備，復以其餘力建丞簿之舍，而新社稷之壇，鄉之荊榛，瓦礫之場，今乃爲高明宏麗之觀，民始識有官府之嚴而稱其所以爲邑。大夫之居者問其經費之所出，則曰未嘗巧取而奇斂也。凡財之隱於吏而亡籍木之訟於官，而願獻者悉取而拘之，鉤校畸贏，積累銖寸，故費廣而不闕。問其工役之次第則曰未嘗屬民而強使也。籍境內之爲工者若干，官出僦傭，率如其私之直，居處飲食先爲規畫，使極安便率，旬有五日而迭休之，其用夫止及於附邑之三鄉，家止一人，人役三日，番無過十夫而亦與之庸，省督工程，無苟簡怠惰之患，謹視給散，無稽留胺削之弊，民之與官，爲市爲役者若私家然，故役大而不擾。蓋經始于丁酉之冬而落成於巳亥之秋，問其所以久，則曰不敢倉卒而趣辦也，作於農隙而弗奪其時，休其力而弗盡其用，慰諭其勤而策其不勉，民咸勸趨，故功力而不勞。夫聚財有方，用民有節，舉事有漸，顧何往而不濟哉。予嘗謂今之士莫難於爲邑，弱者不足以有爲，而健者或以病民。幸而得強弱之中，則積負困之，姦民撓之，欲興事造業，有其志而不克成者多矣。又幸而不爲積負之所困，姦民之所撓，而在上者或不察，不得自展其才者亦多矣。當君之始至賦亂政庬，隱戶移稅，弗可究詰，乃考質劑而正疆理，逋租匿役，披露首服，吏姦民瘼，檢柅濟理，田野歡呼，訟日以簡，故能不困於積負，不撓於姦民，不抑於當路，而興舊起廢，不擾而集，非庶幾於古之所謂循吏者乎。夫衰聚羸羨於單乏之餘可以觀儉，謹用民力於偪仄之中可以觀仁，積累工役於遲久之後可以觀智，是皆足以爲吏法而不可使之無傳。予既嘉彭君之有成而因其請，故遂著其實，使後之人得以考而法之，非以諭彭君也。』

按：文當作於淳熙六年，因敘述之便，故先置於此。

尤袤於台州任內治績良好，然遭妒者毀謗，孝宗派人暗察之，得其東湖四詩，知其善政，遂除爲淮東提舉常平。

《宋史》本傳：「會有毀袤者，上疑之，使人密察，民誦其善政不絕口，乃錄其〈東湖四詩〉歸奏，上讀而歎賞，遂以文字受知，除淮東提舉常平。」

《萬柳溪邊舊話》：「上得其善政，又得其東湖四詩，嘉之，遂除淮東提舉。」

《赤城志》卷九：「淳熙四年十二月十三日滿除淮東路提舉常平茶鹽。」

按：孝宗所觀之東湖四詩，今《梁谿遺稿》無其詩，然盛宣懷曾錄《天台別編》之台州四詩爲其補遺，所錄詩之內容記台州治理情事，則其爲東湖四詩蓋無疑異。今錄其詩於後，以見袤之辛勞：

　　　　一：三日霪霖已渺漫，未晴三日又言乾，

　　　　　　從來說道天難做，天到台州分外難。

　　　　二：百病瘡痍費撫摩，官洪仍愧拙催科，

　　　　　　自憐鞅掌成何事，贏得霜毛一倍多。

　　　　三：多病多愁老使君，不憂風雨不憂貧，

　　　　　　三年不識東湖面，枉與東湖作主人。

　　　　四：兩載終更過七旬，今朝方始是閒身，

　　　　　　細看壁上題名記，六十年間只五人。

尤袤仲春望日題蘭亭八首跋文。

《梁谿遺稿·跋蘭亭之六》：「唐文皇既得脩禊序，命趙模、韓道政、諸葛貞、馮承素搨賜諸王，近臣虞褚歐陽各有臨跡，至今不知幾本而獨貴定武刻。順伯諸本皆佳，顧以字肥而不刓者爲定武，則與余所見特異，楊樿伯時有薛道祖親籤題一本，正肥云是唐古本，平生所見，前輩所跋，定武本皆有依據，一畢少董家賜本，一蔣丞相家米元章諸人跋本，一張文潛家王岐公跋本，最後見澄江呂氏舒王所跋與此本無毫髮異，其刓缺處正同，益信山谷所謂肥不賸肉，瘦不露骨者。後有識者當賞余之言。淳熙四年仲春望日尤袤題順伯第二本。」

孝宗淳熙五年戊戌（1178）五十二歲

在淮東提舉常平任官，三月十八日因前知台州時，拖欠朝廷錢數，故遭降一官之罰。

《宋會要輯稿》冊一百一〈職官〉七二：「淳熙五年三月十八知溫州韓彥直，前知台州尤袤提舉，兩浙東路常平茶鹽公事姚宗之並各特降一官，以溫台州自乾道六年以後，累年拖欠內藏庫坊場錢數多並不發納故也。」

冬，尤袤返鄉常州無錫家居，時袤摯友楊萬里在常州任，故袤特訪之，二人秉燭

夜話，過從甚密。袤並請序《益齋藏書目》於萬里。

　　《梁谿遺稿·臨海縣重建縣治記》：「是冬予罷官歸，踰年則彭以書來告成矣。」
　　按：臨海縣治新建成於己亥（淳熙六年）之秋，則罷官歸之年當是五年冬天。
　　楊萬里〈益齋藏書目序〉：「今年予出守毗陵，蓋延之之州里也。延之持淮南
　　使者之節而歸，一日入郭訪予，予與之秉燭夜語，問其閒居何爲，則曰吾所
　　抄書今若干卷，將彙而目之，飢讀之以當肉，寒讀之以當裘，孤寂而讀之以
　　當朋友，幽憂而讀之當金石琴瑟也。……延之屬予序其書目，余既序之，且
　　將借其書而傳焉。」

尤袤返鄉常州前，贈詩〈別林景思〉，以寫心中不捨之情。時又撰文記其生平、居
室及其作品《雪巢小集》，一再讚賞景思德行文才爲世罕見。

　　《瀛奎律髓》卷二四〈別林景思〉：「二年無德及斯民，獨喜從游得此君，囊
　　乏一錢窮到骨，胸蟠千古氣凌雲，論交卻恨相逢晚，別袂眞成不忍分，後夜
　　相思眇空闊，尺書應許雁知聞。」（詩下按語）「吳興林憲字景思，少從其父
　　宦遊天台，因留蕭寺寓焉，初賀參政允中奇其才，妻以女孫而不取奩田，貧
　　甚，爲詩學韋蘇州。淳熙五年戊戌尤延之爲守，爲作〈雪巢記〉，又爲〈雪
　　巢小集序〉。」
　　《梁谿遺稿·雪巢記》：「吳興林君景思，寓居天台城西之蕭寺，破屋數椽，
　　不庇風雨，榜其燕坐之室曰雪巢，日哦詩於其間，客有問君所以名巢之意，
　　君曰天下四時之佳景，宜莫如雪，而幻化變滅之速亦無甚於雪者，方其凝寒
　　立水，夜氣贔屭，紛紛皓皓，萬里一色，瑤臺銀闕，亦見於俄頃間。然朝陽
　　熹暉，則向之所睹蕩然滅沒而不留矣。自吾來居天台時，王公貴人比里而相
　　望，朱門甲第擊鐘而鼎食，童顏稚齒，群聚而嬉戲，今未二十年其昔之貴者
　　則已死，向之富者或已貧，而往之少者悉已耄，回視二十年直俄頃爾，其幻
　　化變滅之速不猶愈於雪乎，知其非堅實也。於其俄頃起滅之中乃復顚冥於利
　　害，交戰於寵辱，汩汩至於老死而不自知，非惑歟？今吾以是名吾巢，且將
　　視其虛以存吾心，視其白以見吾性，視其清以勵吾節，視其幻以觀吾生，則
　　知少壯之不足恃，富貴之不足慕，貧與賤者不足以爲戚，非特以此自警，而
　　且以警夫世之人，使凡游吾之巢者，躁者可使靜，險者可使平，而污者可使
　　之潔，不亦休乎。余聞而歎曰，浩哉斯巢，雖方丈之地，其視廣廈萬間而不
　　與易也，夫樂莫樂於富貴，憂莫憂於貧賤，然有馬千駟不如西山之餓夫，紆
　　朱懷金不如陋巷之瓢飲，孰知乎匹夫之樂有賢於王公大人之憂畏也哉。世之
　　附炎之徒，方思炙手權門，焦頭爛額而不悔，求而不得則躁，得而患失則戚，

戚與躁相乘則心火内焚，日夜焦灼。聞君之風亦可少愧矣。君少嘗從高僧問祖師西來意，又於方士得養生術，其清玉潔，其真行烈，其窮不堪忍而其樂侃侃然，余來天台始識君，一見如平生歡，時方困郡事，卒卒無須臾閒，每從君語輒爽然，自失顧視，鞭扑滿前，牒訴盈几，便欲捨去。今得歸休林泉之下，每一思君發於夢想則雪巢之境恍然在吾目圍中矣。因述君之說，使書于其壁，以爲之記。」

又〈雪巢小集序〉：「余友林憲景思，吳興人，年少時卓犖有大志，賀參政子忱奇其才，以孫女妻之，臨終復與米數百斛，謝不取，賀既亡，挈其孥居蕭寺，屢瀕于餒而不悔，讀書著文不改其樂。頃嘗隨賀使虜，同行中後有鼎貴者會赴大比試來都城，因游西湖上，新貴人于馬上覘識之，使人傳言請見，亟遁去，其操守如此。獨喜哦詩，初不鍛鍊而落筆立就，渾然天成，無一語蹈襲，如柔櫓晚潮上，寒鐙深樹中，汲水延晚花，推窗數新竹，中夜鵝鶩喧，誰家海船上。唐人之精于詩者不是過，一時名流皆願交之，若徐敦立、芮國器、莫子及、毛平仲，相與爲莫逆，其後諸公彫喪略盡，君亦連蹇不偶，至無屋可居，無田可耕，其貧益甚，其節益固而其詩益工，嗚呼!士患無才而有才者困窮類若，此豈發造化之祕，天殆惡此耶，抑嘗謂富與貴，人之所可得，而才者天之所甚靳，景思取天之所其靳者多則不能兼人之所可得固宜然，則才者實致窮之具，人何用有此而天亦何用靳此，此未易以理曉也。君所居室名曰雪巢，嘗屬余記之，故其詩若干篇自號《雪巢小集》云。」

孝宗淳熙六年己亥（1179）五十三歲

春三月，尤袤摯友楊萬里新除廣東提舉，離常州西歸，袤作詩「送提舉楊大監解組西歸」送之。

> 《瀛奎律髓》卷二四：「征轅已動不容攀，回首棠陰蔽芾間，爲郡不知歌舞樂，憂民贏得鬢毛斑，澄清未展須持節，注想方深便賜環，從此相思隔煙水，夢魂飛不到螺山。（按語）三首取一，此楊誠齋萬里也，知常州滿除廣東提舉，尤延之家居作此詩送之，首篇有云歸裝見說渾無物，添得新詩數百篇，即所謂荊溪集傳於世。」則知送詩原有三首，今只傳此首及首篇二句而已。

尤袤作詩「己亥元日」，意青春逝去，老病纏身，得歸山林，一遂心願，頗覺慶幸。

> 《梁谿遺稿・己亥元日》：「玉曆均調歲啓端，東風又逐斗杓還，蕭條門巷經過少，老病腰肢拜起難，白髮但能欺橢項，青春不解駐朱顏，餘齡有幾仍多

幸，占得山林一味閒。」

尤袤作文〈報恩光孝寺僧堂記〉。

> 《梁谿遺稿》：「淳熙三年秋九月，故參政觀文錢公施其私財於台州報恩光孝
> 禪寺，復建僧堂，明年九月十二日經始後十五日而公薨，又明年六月二日堂
> 成，中為大屋七間，高七尋，其廣四十有二尺，其深十尋，前列脩廊，後布
> 廣廡，其楹高與廣皆如其堂之數，而崇深殺之貫三挾廊為二井匡，凡為屋之
> 楹大小二十有四，規撫雄壯，悉倍於舊，公之孫承議郎，前知處州軍州事象
> 祖題其榜曰選佛合道，俗以落之。又明年，長老惟禋命其徒了性持書求之於
> 錫山尤袤而記之曰……。」

秋，臨海縣治重建落成，主縣者彭仲剛來信請袤記之（按：已見前淳熙四年所述，
今略之）。

是年袤為池州倉使，議刻文選，池守袁說友曾助之貲。

按：尤本《文選》刻成於淳熙八年，而其經歷，據袁說友題「閱一歲有半而後成」，
則建議之始，當在此年。

孝宗淳熙七年庚子（1180）五十四歲

是年尤袤官江東提舉，逢大旱，以所轄藏之米通融借貸，平抑物價。

> 《宋史》尤袤本傳：「改江東，江東旱，單車行部，覈一路常平米，通融有
> 無，以之振貸。」

刻《隸續》二卷，洪适為之跋。

> 《盤洲文集》卷六十三〈池州隸續跋〉：「《隸釋》有續前後二十一卷，乾道
> 戊子始刻十卷于越，淳熙丁酉姑蘇范至能增刻四卷于蜀，後二年雪川李秀叔
> 又增五卷于越，明年錫山尤延之刻二卷于江東倉臺，而輦其板歸之越，延之
> 與我同志，故鄭重如此。凡漢隸見於書者為碑二百五十八，磚文器物款識二
> 十二，魏晉碑十七，疑識二，欲合數書為一，未能也，今老矣，平生之癖將
> 絕筆於斯焉，庚子十一月。」

在江東得畢文簡公及元章簡公畫像，並寄予台州，使置思賢堂，供民眾參拜瞻仰
（按：詳見前述〈思賢堂三贊序〉）。

歲除前一日遊茅山，雅興所致，有詩記之。

> 《梁谿遺稿·庚子歲除前一日遊茅山》：「犯寒出行邁，值此歲云除，剛風駕
> 飆輪，送我游清都，華陽第八天，仙聖之所居，洞門劣容人，中畫如室廬，
> 橫前大谿水，於焉限塵區，其右萬石林，錯落空翠圖，茅庵著深秀，細路緣

崎嶇，幽泉見客喜，頗亦類逃虛，山深日易曛，捷徑趨元符，琳宮照金碧，天籟鳴笙竽，側晼白雲峰，前瞻赤沙湖，金壇聳百丈，陰洞通七塗，俯視人間世，擾擾眞蟲蛆，早以冗陋質，忝分赤城符，豈悟夙昔緣，復造神霄墟，平生夢寐處，恍若登華胥，歸來拜綠章，足力尚有餘，珍館十六所，安能遍遨娛，窮探恨不盡，太息仍躊躇。」

孝宗淳熙八年辛丑（1181）五十五歲

刊刻李善注《文選》六十卷於貴池，刊行時尤氏並曾考其異文，撰成《文選注考異》一卷。

《文選考異·序》：「說友到郡之初，倉使尤公方議鋟《文選》板，以實故事，念費差廣而力未給，說友言曰：是固此邦缺文也，願略他費以佐其用，可乎？迺相與規度費出，閱一歲有半而後成，則所以敬事於神者厚矣。江東歲比旱，說友日與池人禱之神焉，蓋有禱輒應，歲既弗登，獨池之歉猶什四也，願神眡昭答如此，亦有以哉。《文選》以李善本爲勝，尤公博極群書，今親爲讎校，有補學者，是所謂成民而致力於神者與。淳熙辛丑三月望日建，袁說友題。」

按：尤袤所刊之《文選》乃今傳《李善注文選》的惟一善本，南宋後單行之本咸從尤本翻刻，故其身價於今非凡，亦見其影響之深。

上巳日，作《昭明文選》跋文。

《昭明文選·跋》：「貴池在蕭梁時實爲昭明太子封邑，血食千載，威靈赫然，水旱疾疫，無禱不應，廟有文選閣，宏麗壯偉而獨無是書之板，益缺典也。往歲邦人嘗欲募眾力爲之，不成，今是書流傳於世，皆是五臣注本，五臣特訓釋旨，意多不原用事所出，獨李善淹貫該洽，號爲精詳，雖四明贛上各嘗刊勒，往往裁節語句，可恨。袤因以俸餘鋟木，會池陽袁使君助其費，郡文學周之綱督其役，踰年乃克成，既摹本藏之閣上，以其板寘之學宮，以慰邦人，所以尊事昭明之意云。淳熙辛丑上巳日，晉陵尤袤題。」

二月，觀米敷文瀟湘圖於秋浦，作詩二首及跋文一首。

《梁谿遺稿·米敷文瀟湘圖二首》：

> 萬里江天杳靄，一村煙樹微茫，
> 只欠孤篷聽雨，恍如身在瀟湘。（之一）
> 淡淡曉山橫霧，茫茫遠水平沙，
> 安得綠蓑青笠，往來汎宅浮家。（之二）
> （末自注）淳熙辛丑中，春十八日，梁谿尤袤觀於秋浦

《梁谿遺稿‧米敷文瀟湘跋》:「蔡天啓作〈米襄陽墓志〉,言元符初進其子
所畫〈萬里長江圖〉,時元暉年尚少,其小筆已知名當世矣,方此老無恙時,
諸公貴人求索者日填門,不勝厭苦,往往多令門下士倣作而親識元暉二字于
後,嘗自言遇合作處渾然天成,薦為之,不復相似。此卷寂寞簡短不過數筆,
而淺深濃淡,姿態橫生,使人應接不暇,蓋是其得意筆,自其云亡畫,益難
得,矧題識皆一時名勝之士,終日把翫,不能去手也。淳熙辛丑二月中休,
梁谿尤袤題。」

三月初四日,朱熹在南康除江西提刑。先是嘗有任滿奏事之旨,延之因此以詩
相送。

《梁谿遺稿‧送朱晦庵南歸》:「二年摩手撫瘡痍,恩與廬山五老齊,合侍玉
皇香案側,卻持華節大江西,鼎新白鹿諸生學,築就長虹萬丈隄,待哺飢民
偏戀德,老翁猶作小兒啼。」

仲春望日,尤袤為朱槔《玉瀾集》作序。

《梁谿遺稿‧朱逢年詩集序》:「英偉豪傑之士,生亦有所自來,故其亡也決
不泯泯與草木同腐,觀玉瀾先生之集,顧不異哉。夫得則喜,失則悲,有所
不平則怨刺,此詩人之情也。惟深於道者不然,無入而不自得,先生近之。
先生少有軼材,自負其長,不肯隨俗俯仰,厄窮蹭蹬,有人所難堪而其節愈
勵,其氣愈高,其詩閒暇,略不見悲傷憔悴之態,其視富貴利達直糠粃土苴
爾。〈春風〉一篇,雍容廣大,有聖門舞雩氣象。感事三篇,慨然見經世之
志。自作挽歌詞齊得喪一死生,直欲友淵明于千載,至所謂自我識興廢,於
天無怨尤,非深于道者能如是乎?嗚呼!以先生之才,使其作于聲詩,薦之
郊廟,發其所蘊措諸事業,何愧古人。百不一售,使後世所以知公者獨此數
十詩而已,悲夫,先生有兄曰韋齋,白首郎潛,不究大用,人以為恨,其詩
凌厲高古,有建安七子之風,韋齋之子南康使君今又以道學倡其詩,源遠而
流長,信矣哉。淳熙辛丑仲春望日。」

七月十七日,尤袤因推行朱熹修荒之法,使民無流殍,救荒成功。故除職轉官為
江西運判,並為直秘閣。

《宋史》本傳:「朱熹知南康,講荒政,下五等戶租五斗以下悉蠲之,袤推
行於諸郡,民無流殍,進直秘閣,遷江西漕兼知隆興府。」

《宋會要輯稿》冊五十二〈瑞異〉二:「八年七月十七日詔去歲諸路州準,
有旱傷去處,其監司守臣,修舉荒政,民無浮殍,各與除職轉官,既而江西
運判尤袤……江西提舉朱熹……並除直秘閣。」

孝宗淳熙九年壬寅（1182）五十六歲

九月十日爲呂祖謙《呂氏家塾讀詩記》作序。

> 序云：「六經遭秦火多斷缺，惟三百篇幸而獲全。漢興言詩者三家，毛氏最著後世求詩人之意於千百載之下，異論紛紜，莫知折衷。東萊呂伯共病之，因取諸儒之說，擇其善者萃爲一書，間或斷以己意，於是學者始知所歸一，今東州士于家寶其書，而編帙既多，傳寫易誤，建寧所刻蓋又脫遺，其友丘澧宗卿惜其傳之未廣，始鋟木於江西漕臺，噫!伯共自少年嚅嚌道眞，涵泳聖經，至以此得疾且死，六經皆有論著未就，獨此書粗備，誠不可使其無傳，雖伯共之學不止於是，然使學者因是書以求先王所以厚人倫、美教化，君子之所以事君事父，則於聖學之門戶豈小補哉。淳熙壬寅重陽後一日，錫山尤袤書。」

孝宗淳熙十年癸卯（1183）五十七歲

因梁克家之薦，得受召入京，除爲吏部侍郎。十月三日並兼太子侍講。

> 《宋史》本傳：「梁克家薦袤及鄭樵以言事去國，久于外，當召，上可之。召對，言『水旱之備惟常平，義倉。願預飭有司隨市價禁科抑，則人自樂輸，必易集事』除吏部郎官，太子侍講。」

> 《宋會要輯稿》：「十月三日以宗正少卿史彌大兼太子侍讀，吏部尚書尤袤兼太子侍講。」

先是尤袤尙爲江西運判時，嘗遷徙境內醫療院所養濟院於新址，續前人憫惻之懷，朱熹爲文記之。

> 《朱文公文集》卷七十九〈江西運司養濟院記〉：「江南西路轉運司養濟院在隆興府城東崇和門內，轉運副使吳郡錢公某之所爲，而判官嘉禾丘公，毗陵尤公袤之所徙也。……二公踵至，周視錢公之所爲者而屢歎之，然猶以院在門闕之外，懼夫病者之有所不便於醫藥也，乃相門內，得故歸德佛舍之廢址而遷焉，凡增屋十有八間，并得故僧田六頃，又市鍾陵灌城兩墅之田七十畝，歲收穀三百餘斛，錢五萬有奇，以充入之，蓋自是以來，病無歸者多賴以全活，不幸死者亦瞑目而無所憾焉。於是臺之群屬與郡吏之奔走焉者私相與謀，因文學掾黃君某述其事，來請文以記。……淳熙十年三月甲戌，宣教郎直徽猷閣主管台州崇道觀朱熹記。」

李燾薦尤袤、劉清之等十人爲史官。（《宋史》卷三八八）

孝宗淳熙十一年甲辰（1184）五十八歲

在吏部郎官，六月十一日身任考試一職，負責選才事宜。

《宋會要輯稿冊》一百十五〈選舉〉二一：「六月十一日銓試命吏部郎官尤袤、刑部郎官陳倚並考試。」

九月十五日，應陳倚、錢沖之請，作〈刑部郎官題名記〉。

《梁谿遺稿》記文：「合天下訟獄之成律令章程之事，悉總於尚書刑部，其輕重出入之際，人之死生繫焉，責任為不輕矣，唐制刑部郎分四司：曰刑部、曰都官、曰比部、曰司門，本朝因之，然止以為階官，不釐本務。凡四方以具獄來上則獻於審刑院，別命朝官一員判院事，至于元豐始以審刑歸刑部，官制行二十四司各正其職，於是刑部始得專其官而任益重。中興以來，遵承不改，聖天子哀矜庶獄，郎官必采時望，非明習法令更治民者弗除，所以選任之意甚厚，士之當是選者可不思所以稱明指哉。夫法者一成而不可變者也，民偽日滋，法不能勝，奇請佗比，紛然雜陳于前，居其任者苟非明有以察之，仁有以守之，公有以行之，則姦吏並緣，舞文巧詆，人受其害，故居官稱職，每難其人，而在上者尤以擇賢任職為意，歲月既久，除授不一，前人名氏漫不可考。淳熙十一年，陳公倚，錢公沖之之為是官也，慨然興歎，謀欲序次而書之石，會錢公移漕畿甸，乃伐石庀工祝，陳公緒成之，繇紹興末得七十人，屬袤記其事，且曰視其名而考其歲月，則其人之功行善最皆可枚數，使後之居於斯者有所警而不敢忽也，乃述其大略，且使知刑部之有題名自二公始云。九月望。」

十一月官樞密檢詳文字兼左諭德，又兼國史院編修官。

《宋史》本傳：「累遷樞密檢正兼左諭德，輪對，又申言民貧兵怨者甚切。」

《南宋館閣錄》卷九：「十一月以樞密檢詳文字兼國史院編修官。」

是年冬，袤摯友楊萬里召為尚左郎官，至臨安復與袤相互酬唱，交往甚繁。是年萬里剛上任即有「追和尤延之檢詳紫宸殿賀雪」詩一首。

孝宗淳熙十二年乙巳（1185）五十九歲

是年袤為右司郎中，並兼太子侍講，宰執並呈袤任國史院編修官，然上意暫待。

《宋會要輯稿》：「十二年正月二十日以右司郎中尤袤兼太子侍講。」

《南宋館閣錄》：「二月為右司郎中。」

《宋會要輯稿》冊七十〈職官〉一八：「十二年二月六日宰執進呈右司員外郎尤袤兼國史院編修官，上曰李燾去後，史院未有修史官，若李燾在此，不知今已成書否，王淮等奏亦未遽成，更有諸傳未畢，如妃主等傳闕略尚多。上曰若無所據，姑闕之，因顧梁克家曰可以此意宣諭史院。」

五月袤辭退封樁庫之職，以職務須連貫爲由，不願事分二做，故差同僚兼領。

> 《宋會要輯稿》冊一百四十六〈食貨〉五一：「五月十九日紹右司郎官何萬兼提領雜賣場寄樁庫左藏封樁庫。先是右司郎官尤袤分領封樁庫，袤辭以封樁寄樁印記人吏同係一處，難析爲二，故就差何萬兼領。」

八月初八上旨楊萬里爲太子侍讀，隔日，袤即與摯友沈虞卿共上講堂，爲太子講課，太子詢問誠齋事。

> 《誠齋集》卷百十二：「遂得旨以誠齋兼侍讀，命既下，初九日，余、葛二公與諭德沈虞卿、侍講尤延之上講堂，皇太子問云：新除楊侍讀得非近日上封事極言者乎。」

是年袤和儲禁同僚相互唱和，四處遊玩，尤其摯友楊萬里，二人往來詩作甚夥，交情最篤。

按：暮秋時尤袤同給事葛楚輔、侍郎余處恭二詹事、沈虞卿祕監諭德、何自然少監、羅春作大著二宮教及楊萬里泛舟西湖，步登孤山。萬里有詩五言記其事，見《誠齋集》卷十九。又萬里有〈新涼五言呈尤延之〉、〈尤延之和予新涼五言末章有早歸山林之句復和謝焉〉、〈九日即事呈尤延之〉、〈二月望日遞宿南宮和尤延之右司郎署疏竹之韻〉等詩贈袤。

寄詩予睽別七年之好友林憲，以抒懷念之情。

> 《梁谿遺稿補遺·寄林景思》：「臨海睽離七度春，都城想見話悲辛，蒼顏白髮渾非舊，短句長篇卻有神，一第蹉跎眞可歎，半生奔走坐長貧，老懷先自難爲別，相識如君更幾人。」

孝宗淳熙十三年丙午（1186）六十歲

二月，陸游祿滿，將知嚴州，時滿朝友人共爲文酒之會，並賞海棠於張鎡園以送別，尤袤時亦在列中。

> 《陸游年譜》：「淳熙十三年二月，祠祿將漢，陳乞再任，起知嚴州，過闕陛辭，上諭曰『嚴陵，山水勝處，職事之暇，可以賦詠自適』時友人名流楊萬里、尤袤、莫仲謙、沈虞卿、沈子壽、周元吉等皆在朝，共爲文酒之會。上巳日賞海棠於張鎡園，有啓致謝各方。」

> 《誠齋詩集》卷二十一：「上巳日與沈虞卿、尤延之、莫仲謙招陸務觀、沈子壽，小集張氏北園賞海棠，務觀持酒酹花，予走筆賦長句。」

按：尤袤、楊萬里、陸游得天之巧緣，初度交會於臨安，酬唱西湖，相與宴遊，名家友誼，實屬難得。亦因惜才之故，其情歷久彌堅，後皆續有詩文往還以繫其情。

三月，尤袤與同僚同受太子御制製賞梅詩，得太子青睞。

《誠齋集》九八〈跋御書誠齋二大字〉：「淳熙十三年三月十九日，今上皇帝陛下於東宮榮觀堂召宮僚燕集酒半，從至王淵堂，詹事臣邲、臣端禮、諭德臣揆、侍講臣袤，各傳刻所賜御書齋名籤軸以進，再拜稱謝。」

又跋〈御書製梅雪詩〉：「今上皇帝陛下在東宮榮觀堂宴群僚日，既爲臣萬里親灑宸翰作誠齋二字，復書御製賞梅詩一首五紙，將以分賜臣邲、臣端禮、臣揆、臣萬里、臣袤。」

夏，題王順伯所藏蘭亭序跋。

《梁谿遺稿·跋蘭亭》八首之五：「定武蘭亭舊本在承平時已不易得，薛師正之子紹彭刻他本易去，而於舊石斷損數字以惑人，後以石龕置宣和殿壁，渡江以來士大夫家凡得此本悉指爲定武本，不但肥瘦不同而精采頓異，其竹字託字宛轉處與夫字人字末筆意態橫生，非他本可及，比斷去本自不多見，況未經薛氏所斷之本乎！此本舊所拓大可貴。余見蘭亭序多矣，此特一二見爾。淳熙丙午季夏望日，尤袤延之題王順伯第一本。」

八月，袤爲左司郎中兼國史院編修官（南宋館閣錄）。而其摯友誠齋亦居尚書都省爲右司郎中，二人公私皆更爲親密矣。誠齋於袤任右司郎中時有詩「題尤延之右司遂初堂」贈之，八月袤任左司郎中後則有詩數首唱和之。

《誠齋集》卷一三三〈右司郎中告詞〉：「敕中奉大夫尚書右司郎中尤袤等，中臺之屬，隋唐有左右司郎中官，後因之。右府置檢詳，自本朝熙寧始，彌綸省闥，舉正稽違。蓋其職也，事劇地要，選用不輕，爾袤問學該洽，輔之以敏，爾萬里操履純茂，濟之以和，爾密一才術通練，持之以靜，茲予分命汝等贊吾二三大臣之政，天下之事得習熟于聞見，議論其可否、推而行之，何有不可哉，往懋遠業，以俟超擢，可依前件。」

按：王信之右司郎中告啓詞闕載年月日，然其告詞於《誠齋集》中位列淳熙十三年五月二十六日陳居仁朝請郎告詞與淳熙十三年十一月二十五日陳居仁左司郎中告詞之間，而依《誠齋集》中告詞以時順列之序，王信告詞應時爲六月至十一月間。《南宋館閣錄》又明載八月袤爲左司郎中，故誠齋是於八月爲右司郎中而和尤袤同職尚書省內。

又按：詩數首，依陳義成所撰《楊萬里生平及其詩研究》所述〈跋尤延之左司所藏光堯御書歌〉、〈跋尤延之山水兩軸〉、〈尤延之檢正直廬窗前紅木犀一小株盛開戲呈延之〉、〈新寒戲簡尤延之檢正〉四首，然後二首所提之官銜「檢正」乃十四年正月時之事。且第三首詩中所言「爲妒尤郎得尤物」之句和《鶴林玉露》所載尤楊雅謔

之事同稱尤物恰爲相互注解，而尤楊雅謔事發生在十四年十月，故依此二證，斷後二首詩當爲十四年之作。

孝宗淳熙十四年丁未（1187）六十一歲

正月二十日任中書門下省檢正諸房公事，兼國史院編修官，並兼太子侍講。同時受命爲差別試所考試。（《宋會要輯稿》冊一百十六〈選舉〉二二）

五月二十五日以中書門下省檢正諸房公事兼太子左諭德（《宋會要輯稿》冊六十四〈職官〉七）

夏旱，秋七月詔群臣陳時政闕失及當今急務（孝宗紀），袤上封事言救荒之道在順應民情。

> 《宋史》本傳：「夏旱，詔求闕失，袤上封事，大略言『天地之氣，宣通則和，雍遏則乖。人心舒暢則悅，抑鬱則憤。催科峻急而農民怨，關征苛察而商旅怨。差注留滯而士大夫有失職之怨，廩給朘削而士卒有不足之怨。奏讞不時報而久繫囚者怨，幽枉不獲伸而負累者怨，強暴殺人，多特貸命，使已死者怨，有司買納，不即酬價，負販者怨。人心抑鬱所以感傷天和者，豈特一事而已。方今救荒之策，莫急於勸分，輸納既多，朝廷吝於推賞，乞詔有司檢舉行之。』」

袤居中書門下省檢正諸房公事任內，爲少所從游之程氏學說申言維護，以免攻擊之禍，孝宗亦贊同之。

> 《宋史》本傳云：「袤少從喻樗、汪應辰游。樗學於楊時，時，程頤高弟也。方乾道、淳熙間，程氏學稍振，忌之者目爲道學，將攻之。袤在掖垣，首言『夫道學者，堯舜所以帝，禹湯武所以王，周公孔孟所以設教。近立此名，詆訾士君子，故臨財不苟得所謂廉介，安貧守分所謂恬退，擇言顧行所謂踐履，行己有恥所謂名節，皆目之爲道學。此名一立，賢人君子欲自見於世，一舉足且入其中，俱無得免，此豈盛世所宜有？願徇名必責其實，聽言必觀其行，人才庶不壞於疑似。』孝宗曰『道學豈不美之名，正恐假託爲姦，使眞僞相亂爾，待付出戒敕之。』」

按袤此言後終爲學者所認同，然已爲時晚矣，賢者皆爲韓侂冑目爲道學而害之矣。

《宋史》云：「袤死數年，侂冑擅國，於是禁錮道學，賢士大夫皆受其禍，識者以袤爲知言」

十月，高宗崩，崩前一日，除袤爲太常少卿。自南渡後遇有禮儀未有所定者悉付袤斟酌，自此後更見顯著。高宗崩當定廟號，袤主高宗，曾上二疏論之，而洪邁

主世祖，終以高宗之號議定。

> 《宋史》本傳：「高宗崩前一日，除太常少卿，自南渡來，恤禮散失，事出倉卒，上下罔措，每有討論，悉付之袤，斟酌損益，便於今而不戾於古。當定廟號，袤與禮官定號『高宗』，洪邁獨請號『世祖』，袤率禮官顏師魯、鄭僑奏曰『宗廟之制，祖有功，宗有德。藝祖規創大業為宋太祖，太宗混一區夏為宋太宗，自真宗至欽宗，聖聖相傳，廟制一定，萬世不易。在禮，子為父屈，示有尊也，太上親為徽宗子，子為祖而父為宗，失昭穆之序。議者不過以漢光武為比，光武以長沙之後，布衣崛起，不與哀、平相繼，其稱無嫌。太上中興，雖同光武，然實繼徽宗正統，以子繼父，非光武比。將來祔廟在徽宗下而稱祖，恐在天之靈有所不安』詔群臣集議，袤復上議如初，邁論遂屈。詔從禮官議。眾論紛然，會禮部、太常寺亦同主『高宗』，謂本朝創業中興，皆在商丘，取商高宗，實為有證。始詔從初議。」

按：《梁谿遺稿》有「太行太上皇帝廟號疏」二首，內容雷同於《宋史》所載，今不贅錄。

居喪期間，金國遣使來賀會慶節及明年正旦，孝宗下詔使議賀使會見及禮物收受之事，袤和眾臣共提收禮及謁見之權宜辦法，上酌納之。

> 《宋會要輯稿》冊四十九〈儀制〉八：「十四年十月十三日詔令侍從、臺諫、禮官議金國賀會慶節使人入見，既而吏部尚書蕭燧……太常少卿尤袤……言目今車馬見留德壽宮，喪次百官免上壽，恐難以引見人使，如人使必欲朝見，乞用明道故事，小祥兩日後於二十三日只就德壽宮素幄引見，庶合典故，從之。」

> 《宋史·孝宗紀》：「十四年十月己丑，金遣田彥皋等來賀會慶節，詔免入見，卻其書幣。」

> 《宋會要輯稿》冊九十〈職官〉五一：「令禮官詳議……太常少卿尤袤……奏臣等歷考祖宗以來，雖居喪制，未有不引見人使，亦無不受禮物之文，前朝諸臣豈不知不當受而所以不免從權者，以為既已通好，不當無事而使之疑也。今歲賀會慶聖節人使，陛下方當哀疚之中，卻之使去，中外感歎，聖德雖狼子野心，亦知委順，今正旦人使亦既許素幄引見，受其書矣。所有禮物恐無不受之禮，況元日朝會俱罷，初無賀儀幣物，所有將書亦非慶禮，前者聖節之使專以陛下誕辰，卻之可也。正旦為兩國通好，萬一使客必欲如禮而去，則徒為紛紜，亦恐無辭以卻其物，在禮有反經以從權正為是也。竊以為當受兼照得所議，若聖斷以為然，即乞下館伴使，更不必宣諭卻其禮物，庶

幾不致臨時往復以全國，體詔依詳議到事理施行，可就殿之東楹設素幄引見
人使，百官並免裏見，其禮物毋令入殿，付之有司。」

《梁谿遺稿・論賀正使不當卻疏》所言同前而略也，今省略不載。

《宋史・孝宗紀》：「淳熙十四年十二月癸巳金遣完顏崇安等來賀明年正旦，
見于垂拱殿之東楹素幄，詔禮物毋入殿，付之有司。」

高宗崩後，孝宗詔議升配不合既定之時，袤因此上奏諫之。詔從之。

《宋史》本傳：「淳熙十四年將有事于明堂，詔議升配，袤主紹興孫近、陳
公輔之說，謂『方在几筵，不可配帝，且歷舉郊歲在喪服中者凡四，惟元祐
明堂用呂大防請，升配神考，時去大祥止百餘日，且祖宗悉用以日易月之制，
故升侑無嫌。今陛下行三年之喪，高宗雖已祔廟，百官猶未吉服，詎可近違
紹興而遠法元祐升侑之禮？請俟喪畢議之』詔可。」

十一月孝宗建議事堂，命皇太子參決庶務，袤上書太子，請辭勿居。

《宋史・孝宗紀》：「十一月戊午，詔皇太子參決庶務于議事堂，在內寺監，
在外守臣以下與宰執同除授訖乃奏。」

《宋史》本傳：「建議事堂，令皇太子參決庶務，袤時兼侍讀，乃獻書，以
為『儲副之位，止於侍膳問安，不交外事，撫軍監國，自漢至今，多出權宜，
乞便懇辭以彰殿下之令德。』」

《宋元學案・龜山學案附錄》：「孝宗將內禪，先令皇太子議事，遂初以常少
兼諭德，上書太子曰『大權所在天下之事所趨，甚可懼也，願殿下事合大小，
一啟上旨而後行，情無厚薄，一付眾議而後定。且利害之端常伏於思慮之所
不到，疑閒之萌每開於隄防之所不及。儲副之位，止於侍膳問安，不交外事，
撫軍監國，自漢至今，多出權宜，事權不一，動有觸礙，乞俟祔廟之後，便
行懇辭，以章令德。』太子答曰『可謂見愛之深。』」

《梁谿遺稿》「獻皇太子書」所載同《宋元學案》，惟異數字而已，今不贅述。

按：袤諫太子時，楊萬里亦上書太子請辭勿居，二人觀點相同。

十月除尤袤為太常少卿而其摯友楊萬里則為秘書少監，自是而後相從甚密，時生
戲謔之雅事。

《鶴林玉露》卷十八〈尤楊雅謔〉：「尤梁溪延之博洽工文，與楊誠齋為金石
交。淳熙中誠齋為秘書監，延之為太常卿，又同為青宮寮案，無日不相從。
二公皆善謔，延之嘗曰『有一經句，請秘監對，曰楊氏為我』誠齋應曰『尤
物移人』眾皆歎其敏確。誠齋戲呼延之為蝤蛑，延之戲呼誠齋為羊，一日食
羊白腸，延之曰『秘監錦心繡腸，亦為人所食乎』誠齋笑吟曰『有腸可食何

須恨，猶勝無腸可食人。』蓋蝤蛑無腸也，一坐大笑。厥後閑居，書問往來，延之則曰『羔兒無恙』誠齋則曰『彭越安佳』，誠齋寄詩曰『文戈卻日王無價，寶氣蟠胸金欲流』亦以蝤蛑戲之也。」

是年袤與眾友亦時宴游，誠齋皆有詩記之。

《誠齋集》有〈上巳同沈虞卿、尤延之、王順伯、林景思遊湖上，隨和韻得十絕句呈之同社〉、〈同尤延之、京仲遠玉壺餞客〉、〈九月十日同尤延之觀淨慈新殿〉、〈劉寺展繡亭上與尤延之久待京仲遠不至，再相待于靈芝寺〉、〈尤延之檢正直廬窗前紅木犀一小株盛開戲呈延之〉及〈新寒戲簡尤延之檢正〉等詩載袤之宴游唱和之事。

孝宗淳熙十五年戊申（1188）六十二歲

臺臣因高宗之喪而乞定喪制，尤袤上奏言勿採釋老之教。

《宋史》本傳：「臺臣乞定喪制，袤奏『釋老之教，矯誣褻瀆，非所以嚴宮禁、崇几筵，宜一切禁止。』」

三月，孝宗詔令詳議高宗配饗功臣，洪邁等議以呂頤浩、趙鼎、韓世忠、張俊配饗高宗廟庭，上從之。然袤以未祔廟而既定配饗不合典故，乃上奏論之。

《宋史》本傳：「靈駕將發引，忽定配享之議，洪邁請用呂頤浩、韓世忠、趙鼎、張俊。袤言『祖宗典故，既祔然後議配享。今忽定於露駕發引一日前，不集眾論，懼無以厭伏勳臣子孫之心。宜反覆熟議，以俟論定。』」

《宋會要輯稿》冊四十九〈儀制〉八：「十五年三月十七日詔令侍從臺諫禮官詳議高宗聖神武文憲孝皇帝附廟配饗功臣，既而兵部尚書宇文价、翰林學士洪邁、權刑部尚書葛邲、權工部尚書韓彥質、戶部侍郎葉翥、刑部侍郎劉國瑞、給事中王信、中書舍人陳居仁、李巘、右諫議大夫謝諤、敷文閣待制提舉佑神觀吳琚、權吏部侍郎章森、權兵部侍郎林栗、起居舍人鄭僑議以故大師秦國公諡忠穆呂頤浩、特進觀文殿大學士諡忠簡趙鼎、太師蘄王諡忠武韓世忠、太師循王諡忠烈張俊配饗，從之。四月十六日太常少卿尤袤等言『竊考祖宗典故，既祔廟然後議配饗，必先有廟而後有從祀之臣，亦必詔禮官參議，務盡眾言。獨嘉祐八年議以王曾呂夷簡配食仁宗乃在山陵之前，然亦必先降詔旨下兩制，定議當用何人，而王珪等始以王曾等姓名上之。元祐元年裕陵復土已七閱月，有司始援典故乞自兩制以上，及太常寺秘書省長貳同議配饗，又兩月而吏部尚書孫永等始以富弼應詔。蓋宗廟至重，必嚴其事也，今來高宗猶未祔廟，所議配饗少遲旬月，固未爲晚，乃忽定於靈駕發引一日

之先，事出倉皇，眾以爲疑。仰惟高宗皇帝受命中興，一時將相依乘風雲，勒功帝籍，不出數人，自有公論，爲之子孫皆以祖考得預爲榮，儻不按典故，不集眾論，則無以厭服其佗勳臣子孫之心，消弭眾多之口，而祖宗集議典禮將恐遂廢。臣等備員禮官，誠見議論紛紛，以定配爲速，以不集議爲疑，既有前件典故，儻不條陳，是爲失職，乞俟升祔禮畢，別擇日下侍從兩省臺諫禮官及祕書省集議施行小貼子，稱竊惟配食清廟係大典禮，付之眾人則議論自公，遲以歲月則名實自定，公則人無異辭，定則萬世不變，今宜反覆熟議，以盡眾言，庶幾得預者無愧，不預者無辭。』」

按：配饗功臣一事，眾議紛紜，而袤於此所提之見惟二：一爲肯定既附廟然後議配饗之前後順序，反對定配饗於靈駕發引之前。一則爲配饗之臣究應定爲何人？宜付眾議決之，眾決之則公，無所偏失，惟不應草率速決，使人有異辭，故建以反覆熟議，其心中並無專意誰屬，和其摯友誠齋專意張浚實有不同，誠齋因力言張浚當預，而上疏詆之，謂洪邁指鹿爲馬，且定其三罪爲欺、專、私，孝宗覽疏不悅曰萬里以朕爲何如主，故貶誠齋出知筠州，由此袤和誠齋結束朝中酬唱交往。

四月，孝宗用尤袤之奏，詔群臣再集議配享臣僚，而議仍如故。時楊萬里因爭之不從而遭補外。

《宋史・孝宗紀》：「夏四月甲申用禮官尤袤請，詔群臣再集議配享臣僚。」

《宋史》本傳：「奏入，詔未預議官詳議以聞，繼寢之，卒用四人者。時楊萬里亦謂張浚當配食，爭之不從，補外。」

《宋會要輯稿》冊四九〈儀制〉八：「勘會宇文价、葛邲、葉翥、劉國瑞、王信、陳居仁、李巘、謝諤、吳琚、章森、林栗、鄭僑各以集議，及韓彥質妨嫌外，詔未集議，侍從兩省臺諫及太常寺祕書省依典禮詳議聞，奏二十四日臣僚言配饗之議已有一定之論見於施行，今忽降旨再令詳議，則二三之論又將紛紜而起，甲可乙否，重惑朝聽，詔更不再集議。」

五月，袤爲權禮部侍郎，再提升配事宜。

《宋會要輯稿》冊二二〈禮〉二四：「五月十一日權禮部侍郎尤袤等言逐次明堂大禮所設神位沿革不紹興四年、七年、十年設昊天上帝、皇地祇、太祖皇帝、太宗皇帝并天皇大帝已下從祀四百四十三位，紹興三十一年設昊上帝，徽宗皇帝并五方地、五人帝、五官神、從祀共一十七位，淳熙六年，九年設昊天上帝、皇地祇、太祖皇帝、太宗皇帝并天皇大帝以下從祀共七百七十一位，今來緣高宗皇帝几筵未除，考於典禮，未合升配。從之。」

五月，袤奏檢準國朝會要，建議裁減侍衛以適時需，詔可。

《宋會要輯稿》冊四十八〈儀制〉五:「十五年五月十四日權禮部侍郎尤袤等言檢準國朝會要嘉祐八年三月二十九日仁廟之喪,英宗七月十三日始御紫宸殿見群臣,退御垂拱殿,中書樞密以次奏事,蓋始御內朝猶未御正衙也,今外朝內朝皆入臨御,竊詳後殿及延和殿乃祖宗崇政延和之比,緣今延和地步窄隘,難以排立侍從史官管軍御帶環列禁衛等,今參酌欲乞皇帝於後殿視事,所有儀制乞下閤門禁衛,所條具申尚書省閤門,奏奉旨後殿坐起居,班次並如假日儀遇四參目權令侍從官趁赴起居,其御後殿,日分令太史局選日,主管禁衛,所照得日常,後殿窠差班直親從共三百人排立,祇應詔裁減一百五十人,餘依。」

《宋會要輯稿》冊三十〈禮〉三五所述略同前,今不贅述。

《宋會要輯稿》冊七十六〈職官〉三二:「十五年五月十四日詔後殿視事排立班直親從裁減一百五十人,以權禮部侍郎尤袤等言今外朝內朝皆未臨御,竊詳後殿及延和殿地窄隘,難以排立下禁衛所條具,故有是詔。」

六月,袤以權禮部侍郎兼同修國史,亦兼實錄院同修撰。

《南宋館閣錄》載之。《宋史》本傳亦云:「進袤權禮部侍郎兼同修國史侍講,又兼直學士院,力辭,上聽,免直院。」

八月,詔擬皇太后宮名,袤等進名慈福,詔依。

《宋會要輯稿》冊一百八十七〈方域〉三:「淳熙十五年八月二日詔修蓋皇太后宮,五日詔學士院給舍同禮官依典禮擬撰進宮殿名,既而⋯⋯權禮部侍郎尤袤⋯⋯奏恭擬殿名曰慈福。詔恭依。十六年正月十五日丙午皇太后遷慈福宮。」

是年陳亮曾與尤袤書,言仲冬將有京口之行並感既時事(見《龍川集》卷二十一〈與尤延之侍郎〉)。先是年春,楊萬里贈送西歸、朝天二集與尤袤,延之惠以七言,萬里亦如韻以謝。

《誠齋集》載袤七言惠詩:「西歸累歲卻朝天,添得囊中六百篇,垂棘連城三倍價,夜光明月十分圓,競誇鳳沼詩仙樣,當有難人賈客傳,我似岑參與高適,姓名得入少陵編。」

孝宗淳熙十六年己酉(1189)六十三歲

正月,孝宗論人才,尤袤上奏得孝宗認同。又因與孝宗論事得其讚賞,故得兼中書舍人及直學士院。又時值內禪,得上垂青,受命制冊,人服其雅正。

《宋史》本傳:「孝宗嘗論人才,袤奏曰『近召趙汝愚,中外皆喜,如王蘭

亦望收召』上曰『然』。」

按：《宋史》卷三九二〈趙汝愚傳〉「孝宗謂其文武威風，召還」在光宗受禪之前。又孝宗本紀：「十六年春正月己亥……禮部尙書王藺參知政事」則王藺得遷升蓋得力於尤袤之奏言。

<blockquote>《宋史》本傳：「一旦論事久，上曰『如卿才識、近世罕有』次日語宰執曰『尤袤甚好，前此無一人言之，何也？』兼權中書舍人，復詔兼直學士院，力辭，且薦陸游自代，上不許。時內禪議已定，猶未諭大臣也。是日諭袤曰『旦夕制冊甚多，非卿孰能爲者，故處卿以文字之職』袤乃拜命，內禪一時制冊，人服其雅正。」</blockquote>

按：淳熙十六年春正月辛亥始諭二府以旬日當內禪。

二月，金國遣使報哀，禮部上奏以尤袤等人任接送伴使副一職，詔從之。

<blockquote>《宋會要輯稿》冊九十〈職官〉五一：「十六年二月八日盱眙軍中金國報哀使副取二月二十五日過界，詔就差何澹、戴勳充接送伴使副，澹先于去歲十二月差充賀金國生辰至盱眙，金國遣使報哀，就改命焉。同日禮部太常寺言何澹、戴勳充接送伴使副，所有衣帶自合純吉，金國使副如繫黑帶，聽從其便，帷幕用紫，沿路賜宴，如堅辭不肯赴座並令析賜，既而權禮部侍郎尤袤等續行參酌接送伴使副，與金國使副初接見日，合依典故，權服公服，黑帶佩魚，以後沿路相見，其接伴使副自合純吉服。從之。」</blockquote>

二月光宗即皇帝位，兩旬後開講筵，尤袤數上奏，以整興於始爲要。

<blockquote>《宋史·孝宗紀》：「二月壬戌，下詔傳位皇太子，是日，皇太子即皇帝位」</blockquote>

<blockquote>《宋史》本傳：「光宗即位甫兩旬，開講筵，袤奏『願謹初戒始，孜孜興念』越數日，講筵又奏『天下萬事失之於初，則後不可救。書曰『慎厥終，惟其始。』又歷舉唐太宗不私秦府舊人爲戒。又五日講筵，復論官制，謂『武臣諸司使八階爲常調，橫行十三階爲要官，遙郡五階爲美職，正任六階爲貴品，祖宗待邊境立功者。近年舊法頓壞，使被堅執銳者積功累勞，僅得一階，權要貴近之臣，優游而歷華要。舉行舊法』。」</blockquote>

六月，袤以論事忤權倖，被指爲周必大黨而去國。

<blockquote>《宋史》本傳：「姜特立以爲議已，言者固以爲周必大黨，遂與祠。」</blockquote>

<blockquote>《宋會要輯稿》冊一百一〈職官〉七二：「六月二十二日詔權禮部侍郎尤袤與郡，以言者論袤兼翰苑、詞披、史館、經筵，疏謬曠失，士論不服，乞賜罷黜，故有是命。」</blockquote>

尤袤被貶去國，其友陸游書〈遂初堂詩〉以奉送之。

《陸放翁先生年譜》卷四：「先生友人尤袤屢求作《遂初堂詩》，詩未成，袤以論事忤權倖，被指爲周必大黨去國，因以詩奉送。」

《劍南詩稿》卷二十一：「尤延之侍郎屢求作遂初堂詩，詩未成，延之去國，因以奉送：

　　印何纍纍綬若若，只堪人看公何樂，

　　忽然捭柂開布颿，慰滿平生一邱壑，

　　遂初築堂今幾時，年年說歸眞得歸，

　　異書名刻堆滿屋，欠伸欲起遭書圍，

　　捨之出遊公豈誤，綠髮朱顏已非故，

　　請將勳業付諸郎，身踐當年遂初賦。」

秋天，姜夔至無錫謁見尤袤論詩。

《白石道人詩集》自序：「近過梁溪見尤延之，先生問余詩自誰氏？……先生因爲余言……。」

《無錫金匱縣志》：「姜夔嘗至無錫謁尤文簡論詩。」

十月，尤袤摯友楊萬里除秘書監，回京途中船過無錫，有詩寄懷延之。

《誠齋集》有〈橫林望見惠山寄懷尤延之〉、〈雪後陪使客游惠山寄懷尤延之〉等詩。

是年張鎡有詩稱讚尤袤和陸游。

《南湖集》卷三〈呈尤侍郎陸禮部〉云：「今春少晴天，雨聲常綿延，曉來羲車展，雲出射我屋，瓦生蒼煙，憶昔既冠時，壯志平幽燕，先王手扶太極起，餘事未竟騎星躔，誓將膽與腸，剖析帝座前，出師先定董郭薦，此老妙處心默傳，甲庚子亥繫宿業，古來局殺英與賢，蒼莩蕭蕭藥裏側，不覺轉盼霜滿顛，因念夢境中，此亦非小緣，枉教心無片餉息，形氣自賤欲火然，一根返源六根了，如何不遣情勾牽，今朝好春風，歌鳥如管弦，花香舒錦機，次第鋪我園，柳柔曳金繩，高下拂我船，伸臂攬六龍，莫過桑榆邊，披猖車尾霞，丹碧如旂旜，幻作萬石酒，爛醉三千年，世間生死俱掃空，況復戲弄冕與軒，江西揚子雲，道院方晝眠，來書拆半月，欲報懶欲忺，許我詩五十，方得見六篇，清腴似陶謝，尤覺詞精便，尤陸二丈人，和答尚未全，賤子焉敢繼，口誦心臆鐫，此月小築成，南湖向西偏，規模從簡儉，門牆抵人肩，池亭巧相通，萬竹夾澗泉，風月豈易量，肯換閒憂煎，懷公不能休，語盡終難宣。」

按：此依于北山《陸游年譜》得知詩作於此年。

光宗紹熙元年庚戌（1190）六十四歲

光宗改建年號，於袤一再擢升，尤袤亦思有爲以報國，然終不成。

　　《宋史》本傳：「紹熙元年，起知婺州，改太平州，除煥章閣待制，召除給事中。既就職，即昌言曰『老矣，無所補報，凡貴近營求內除小礙法制者，雖特旨令書請，有去而已，必不奉詔』甫數日，中貴四人希賞，欲自正使轉橫行，袤繳奏者三，竟格不下。」

光宗紹熙二年辛亥（1191）六十五歲

寄《資暇集》刻本給陸游。

　　《渭南文集》卷二十八〈跋資暇集〉：「吾家舊有此本，先左丞所藏書，字簡樸，疑其來久矣，首曰隴西李斥文濟翁編，斥字猶成文也，久已淪墜，忽尤延之寄刻本來，爲之愴然。紹熙二年十一月二十九日陸某識。」

光宗紹熙三年壬子（1192）六十六歲

三月，以給事中兼侍講，即入言示帝爲政要領。

　　《宋會要輯稿》冊六十三〈職官〉六：「三年三月二十一日詔給事中尤袤，侍御史林大中並兼侍講。」

　　《宋史》本傳：「兼侍講，入對，言『願上謹天戒，下畏物情，內正一心，外正五事，澄神寡欲，保毓太和，虛己任賢，酬酢庶務，不在於勞精神，耗思慮，屑屑事爲之末也』。」

給事中任內，於不法升遷或轉官之穢行皆予駁斥痛責。上皆聽納。

　　《宋史》本傳：「陳源除在京宮觀，耶律适嘿除承宣使，陸安轉遙郡，王成特補官，謝淵、李孝友賞轉官，吳元充、夏永壽遷秩，皆論駁之，上並聽納。韓侂胄以武功大夫、和州防禦使用應辦賞直轉橫行，袤繳奏，謂『正使有止法，可回授不可直轉。侂胄勳賢之後，不宜首壞國法，開攀援之門』奏入，手詔令書行。袤復奏『侂胄四年間已轉二十七年合轉之官，今又欲超授四階，復轉二十年之官，是朝廷官爵專徇侂胄之求，非所以爲摩屬之具也』命遂格。」

六月，尤袤等奏太學取士之法，上從之。

　　《宋會要輯稿》冊五十四〈崇儒〉一：「三年六月……詔令集議……又吏部尚書趙汝愚、翰林學士李巘、權兵部尚書羅點、戶部侍郎馬大同、給事中尤袤、中書舍人黃裳、權工部侍郎謝申甫、起居郎樓鑰、起居舍人張叔椿言竊惟待補之法其弊已多，因仍歲時弊將益甚。今欲易之混試，固足取快一時，然多士來以數萬計，非惟有司重有勞費，日力有限，較閱難精，亦恐道路奔衝，不無寒暑之患，場屋淀塞，更多踐踏之虞。彼此相形得失居半，蓋有根

本之論，稍始古始而言。夫三代鄉舉里選之法雖世遠事異，不可遽復，然有教育作成之意，本諸天地而合乎人情者，則雖百世不能改也。惟我國家內自京師，外及郡縣，皆置學校，慶曆以後，文物彬彬，幾與三代同風矣。遠至崇觀創行舍法，所在養士，誠得黨庠遂序之遺意，故一時學者粗知防檢，非冠帶不敢行於道路，遇鄉曲之長，上及學校之職事則斂容而避之，其風俗亦誠美矣，然其失也在於專習新義，崇尚老莊，廢黜春秋，絕滅史學，又罷去科舉，使寒畯之士捨此無以為進身之路，事理俱礙，旋行廢革，此亦非舍法之罪，其時弊則然也。中興以來，投戈講藝，行都重建太學，諸郡復行貢舉士生，斯時可謂幸矣，然浮偽之風勝，忠信之俗微，有司頗以為病者，亦由州縣之間，士之崇辱進退皆不由乎學校，至論德行道藝則惟取決於糊名，苟為彫篆之文，無復進修之志，其視庠序有同傳舍，視師儒幾若路人，月書季考盡為文具，殊失朝廷教養之意。汝愚等擬欲遠稽古制，近酌時宜，不煩朝廷建官，不勞有司增費，惟重教官之選，假守貳之權，倣舍法以育才，因大比而貢士考，終場之數，定所貢之員，期以次年試於太學，庶幾士修實行，不事虛文，漸復淳風，仰禪大化，有三舍之利而無三舍之害，其法頗為近古，如蒙朝廷采錄，所有諸州教養課試升貢之法乞下有司詳議施行，然科舉事嚴，試期甫邇，其今歲待補試欲乞且與依舊，放行一次。從之。」

十一月，袤以光宗因疾一再不省朝而上封事，勸上勿憚勤，以解眾惑。上從之。

《宋史‧光宗紀》：「三年春正月乙巳朔，帝有疾，不視朝。……三月辛巳，帝疾稍愈，始御延和殿聽政……五月，帝大疾，不視朝。……十一月丙戌兵部尚書羅點、給事中尤袤、中書舍人黃裳皆上疏請帝朝重華宮，吏部尚書趙汝愚亦因面對以請，帝開納。辛卯，帝朝重華宮，皇后繼至，都大人悅」

《宋史》本傳：「上以疾，一再不省重華宮，袤上封事曰『壽皇事高宗歷二十八年如一日，陛下所親見，今不待倦勤以宗社付陛下，當思所以不負其託，望勿憚一日之勤，以解都人之惑』後數日，駕即過重華宮。」

是年袤因林大中論事左遷而上奏言之，不報。又上奏帝用人不當，帝怒，遂用不允之人。

《宋史》本傳：「侍御史林大中以論事左遷，袤率左史樓鑰論奏，疏入，不報，皆封駁不書黃。耶律适嘿復以手詔除承宣使，一再繳奏，輒奉內批，特與書行。袤言『天下者祖宗之天下，爵祿者祖宗之爵祿，壽皇以祖宗之天下傳陛下，安可私用祖宗之爵祿而加於公議不允之人哉』疏入，上震怒，裂去後奏，付前二奏出，袤以後奏不報，使吏收閣，命遂不行。」

《宋史》卷三九三〈林大中傳〉：「給事中尤袤、中書舍人樓鑰上疏云『大中言官，當與被論者有別』尋命知寧國府，又移贛州。」

光宗紹熙四年癸丑（1193）六十七歲

正月，除為禮部尚書，申言國事之弊濫，上皆從之。

《宋史》本傳：「中宮謁家廟，官吏推賞者百七十有二人，袤力言其濫，乞痛裁節。上從之。嘗因登封，專論廢法用例之弊，至是復申言之。除禮部尚書。」

按：樓鑰《攻媿集》卷三十五有〈尤袤禮部尚書告詞〉，其云：「敕官建儀曹俾司禮樂制作之事，職專宗伯，當用朝廷老成之人，閱一時侍從之臣，極三朝髦俊之選，求之公論，僉曰汝諧。具官某學極群書，才兼數器，被眷知于慈闈，參寮宷于儲宮，出入累年，始終一節，禁路論之思，益有眾人之所，難瑣闥封駁之章，至三進而未已，積茲德望，處以文昌職務，惟清實總夷燮之任，謀猷可告，尚彌稷契之忠。」而陳傅良亦有告詞，然乃兼侍讀一職而並行，故於後再述。

正月，上復以疾而不朝宮，袤再奏請，駕即隨出。

《宋史》本傳：「駕當詣重華宮，復以疾不出，率同列奏言『壽皇有免到宮之命，願力請而往，庶幾可以慰釋群疑，增光孝治』後三日，駕隨出，中外歡呼。」

《宋史·光宗紀》：「四年春正月己巳朔，帝朝重華宮。」

三月，兼侍讀。

按陳傅良《止齋先生文集》卷十二：「正議大夫守給事中兼侍講尤袤除禮部尚書兼侍讀（小注）四年正月十一除禮部，三月三十日兼侍讀，二詞並行。）敕方聯在東宮時嘉與僚友切磋經誼，緝熙光明，肆以菲躬，託千兆人之上，克奉詒謀，庶幾寡過，永懷三益，宜如之何，具官某博極群書，折衷六藝，几與我言者於今不忘也，憫勞鎖闈位之春官進讀路門以竟餘論，昔者甘盤輔高宗於舊勞之時而與於中興納誨之選，至漢二跡同傳太子而亦不在初元酬功之詔，我有故人始終典學，視昔蓋有光焉，爾其輔養精神，陳古以誡今，惟母以謝事之年而有退心，則朕以懌可。」

上封事言陳源、姜特立不當召用。光宗時已屬疾，無所答覆。

《宋史》本傳：「上封事曰『近年以來，給舍、臺諫論事，往往不行，如黃裳、鄭汝諧事遷延一月，如陳源者奉祠，人情固已驚愕，至姜特立召，尤為駭聞。向特立得志之時，昌言臺諫皆其門人，竊弄威福，一旦斥去，莫不誦

陛下英斷。今遽召之，自古去小人甚難，譬除蔓草，猶且復生，況加封植乎？若以源、特立有勞，優以外任，或加錫賚，無所不可，彼其閑廢已久，含憤蓄怨，待此而發，儻復呼之，必將潛引黨類，力排異己，朝廷無由安靜』時上已屬疾，國事多舛，袤積憂成疾，請告，不報。」

尤袤因憂國事而積勞成疾，請致仕，上不報，遂卒於官任。有遺奏別上，有遺書別政府。

《宋史》本傳：「疾篤乞致仕，又不報，遂卒，年七十。遺奏大略勸上以孝事兩宮，以勤康庶政，察邪佞，護善類。又口占遺書別政府。」

按：年七十之說爲傳聞之誤。生卒年考一節已詳述之。

楊萬里有祭文悼之。

《鶴林玉露》卷十八〈尤楊雅謔〉：「延之先卒，誠齋祭文云『齋歌楚些，萬象爲挫，瑰偉詭譎，我倡公和，放浪諧謔，尚友方朔，巧發捷出，公嘲我酢。』」

陸游有哀辭悼之。

《渭南文集》卷四十一〈尤延之尚書哀辭〉：「帝藝祖之初造兮紀號建隆，煥乎文章兮躔揖遜之，遷躅詔冊施於朝廷兮萬里雷風，灝灝噩噩兮始掃五季之雕蟲，閱世三傳兮車書大同，黃麾繡仗兮駕言東封，繼七十二后於邃古兮勒崇垂鴻，吾宋之文抗漢唐而出其上兮震耀無窮，柳張穆尹歐王曾蘇名世而間出兮巍如華嵩，雖宣和之蠱弊與建炎之軍戎文不少衰兮殷殷霆霆，太平之象兮與六龍而俱東，余自梁益歸吳兮愴故人之莫逢，後生成市兮摘裂剽掠以爲工，遇尤公於都城兮文氣如虹，落筆縱橫兮獨殿諸公，晚乃契遇兮北扉南宮，塗改雅頌兮蹈躪軻雄，余久擯於世俗兮公顧一見而改容，相期江湖兮斗粟共春，別五歲兮晦顯靡同，書一再兮奄其告終，於虖哀哉，孰抗衣而復公兮呼伯延甫於長空，孰誦些以招公兮使之捨四方而歸徠乎郢中，孰酹荒兮露草霜蓬，孰闖虛堂兮寒燈夜蚩，文辭益衰兮奇服龍茸，天不憖遺兮黼黻火龍，咥局淺之一律兮彼寧辨夫瓦釜黃鐘，話言莫聽兮孰知我衷，患難方殷兮孰恤我躬，焄蒿不返兮吾黨孰宗，死而有知兮惟公之從。」

袁說友有祭文悼之。

《東塘集》卷十六：「天祐皇家，必有興立，迺生賢者，左右培植，朝有大政，俾爲蓍龜，民有常心，俾爲父師，其身也榮，其國也治，高山仰之，流光萬世，公之清節，不可利疢，事或過舉，賴以正救，以下劘上，凜然東臺，至再至三，抗奏弗回，公之摛文，兼麗典誥，繪掖代言，玉堂數號，史廷直筆，帝幄橫經，黼黻王度，儒臣至榮，郡書萬卷，山藏海積，公博極之，章

句臚析，繭紙舊聞，千載散佚，公愛玩之，實於金玉，嗚呼哀哉，以公之節，足以鎮俗，以公之文，足以華國，讀書是勤，百氏指南，樂古爲富，四海律貪，比正媒邪，友舊篤親，皆盛德事，其有典刑，天子眷乎，舊學學者，依乎宗師，將彌綸乎，廊廟均仁，壽乎華夷，何聽履之，方強倏逝，川乎已而，嗚呼哀哉，上而公議，孰主張之，下而善人，孰領袖之，斯文不幸，殆如線矣，舉世混淆，誰能變矣，識與不識，莫不涕洟，吉人云亡，將誰與歸，小子辱眷，接武清朝，一再姻婭，聯好漆膠，聞公易簀，我嘗視之，及公蓋棺，我實撫之，實肴於豆，實酒於，爲斯文慟，九原莫追，公而有知，鑒此奠詞。」

陳傅良有挽詞四首悼之：

《止齋先生文集》卷九〈挽尤延之尚書〉：

自爲師説竟誰宗，每事持平屬此翁，
有志政須名節是，斯文非獨語言工，
要令舉世人材出，合在前朝行輩中，
安得長年留把柁，後來各與一帆風。（之一）
宿留江湖長子孫，行藏節節耐人看，
及爲侍從身垂老，欲試平生事轉難，
書就僅題前太史，功成方記舊甘盤，
令人長恨經綸意，歷事三朝見一斑。（之二）
向來諸老獨歸然，羸不勝衣萬事便，
燈下細書批敕字，雪邊先著趁朝鞭，
豈應無故令身健，卻止功名與世傳，
遺奏定留封禪稿，憑誰吹送九重天。（之三）
壯歲從游兩鬢霜，重來函丈各堪傷，
那知卒業今無及，極悔論心昨未嘗，
相約歸期須次第，獨存病骨更淒涼，
他年賴有門生記，託在碑陰永不忘。（之四）

彭龜年有挽詞二首悼之：

《止堂集》卷十七〈挽尤尚書二首〉：

太史疾已革，君王意尚疑，
欲爲宣室召，深動畫堂思，
共起云亡歎，空嗟大用遲，
九原如可作，願賦百身詩。（之一）

　　天子青宮友，清時法從賢，

　　典型諸老舊，人物中興前，

　　鎖闥堆黃紙，金華疊細旃，

　　奪公何太速，誰與問蒼天（之二）

《宋史》「論曰」謂其能終完節，難能可貴。

　　《宋史》本傳論贊：「尤袤學本程頤，可謂老成。典刑者立朝抗論，與人主
　　爭是非，不允不已而能令終完節，難矣。」

按：尤袤既一生博學，於後學造就亦不遺餘力，《萬柳溪邊舊話》云：「文簡公造就
門生最盛，即江南已有十人，郡邑後進無不游公之門，如郡邑士胡寶慶鎧、李祭酒
蕭簡公祥、蔣狀元文忠公重珍、丁寶謨常任，皆公陶鑄而成者也。」又《宋元學案
補遺》王梓材案語依陳傅良挽先生詩判斷，陳傅良亦為遂初門人，特未卒業耳。尤
袤弟子門人今所知者僅此數人，詳〈尤袤交友考〉一章。

尤袤容貌依各文所述，蓋為貌不逾人，風度端凝。孝宗嘗有短小精悍之褒（《咸淳毘
陵志》）。其一生嗜書不倦，晚年尤甚，嘗積書至三萬卷，以充實遂初堂藏書。光宗
即曾書額賜之，寧宗亦御書扁額於堂上，風光受重如是。據其家譜本傳所載，其墓
位於西孔山，後世孫尤侗曾加以修葺。而其著作亦夥，《宋史》載有《遂初小稿》六
十卷，《內外制》三十卷，惜今已亡佚，然裔孫尤侗輯有《梁溪遺稿》一卷尚存其殘
傳之作，彌足珍貴，詳〈著述考〉一章。

光宗紹熙五年甲寅（1194）卒後一年

　　追封正奉大夫致仕，贈金紫光祿大夫。

　　《宋史》本傳：「明年，轉正奉大夫致仕，贈金紫光祿大夫。」

按：宋代官員致仕，例有恩澤，或轉官贈爵，或賜銀絹，或二者兼之。而生前未及
致仕者，每於死後追許致仕，以便給予恩澤。故紹熙五年有追贈之事。

　　樓鑰是年官中書舍人，頒佈皇帝誥命時有「正議大夫尤袤轉一官守禮部尚書致仕」
及「尤袤贈四官」二外制文告。

　　《攻媿集》卷三十八〈正議大夫尤袤轉一官守禮部尚書致仕〉云：「敕位列
　　儀曹，屢上求閒之，請恩隆儲案俯從納祿之私，茲焉告歸，于以示寵，具官
　　某器資精敏，學業淹該，隱帙奧篇，了辨無爽，殘膏賸馥，霑丐為多，冊府
　　道山，極一時儒學之選，詞垣翰苑兼兩朝制誥之工，比詑外庸進儀清禁命之
　　夕，拜有唐人批敕之風，擢以春官，當虞臣興禮之任，乃因感疾，遽欲辭榮，
　　俾陟崇階，以華晚節，李綱乞骸而去，肯久于尚書孔戣得謝而歸，仍加于禮

部，尚祇渙涅，無媿前良」。又〈尤袤贈四官〉一文云：「敕舊老遺榮，猶有
留行之意，表章載覽忽形垂絕之言，天不憖遺，人所嗟惜，具官某以時耆德
事，朕初潛蚤歲宦游，殆及王楊之接，晚年貴重，遂從園綺之招，古事今事，
問無不知，大言小言，進必有補，爰暨纂承之日，首參侍從之班，召自藩方，
喜典刑之，如故擢居，瑣闈嘉悴，直之不衰，圖任方深，求歸何亟，雖弗至
甘盤之岡，顯恨不許彥博之，少閒，喪此良臣，動予深念，進四階而命秩，
按三尺以疏恩學焉，而後臣之正賴多聞之，益死者如可作也，抑惟斯人之歸，
或其有知，毋悼不幸。」

寧宗慶元二年丙辰（1196）卒後三年

六月，陸游夜夢尤袤等人同集江亭請陸游賦詩，游詩成而覺，忘數字而已。

《劍南詩稿》卷三十四：「六月二十四日夜分夢范至能、李知幾、尤延之同
集江亭，諸公請予賦詩記江湖之樂，詩成而覺，忘數字而已。（詩云）

露篛霜筠織短蓬，飄然來往淡煙中，

偶經菱市尋谿友，卻揀蘋汀下釣筒，

白蒻菭香初過雨，紅蜻蜓弱不禁風，

吳中近事君知否，團扇家家畫放翁。」

按：《陸游年譜》歐小牧案語「時范李尤諸詩友皆已下世，先生篤於親友，晚年每形
於夢寐，集中此類詩甚夥，可參看。」

寧宗嘉定五年壬申（1212）卒後十九年

諡號文簡（《宋史》本傳）。

第三章　尤袤交友著述考

第一節　尤袤交友考

　　尤袤與楊萬里、陸游、范成大並稱爲南宋中興四大詩人，馳譽乾淳詩壇。其政治操守及博學廣聞亦顯赫於世、知名於時，官歷高宗、孝宗、光宗三個帝朝，所交游之人至爲眾多，加以其性嗜書，廣納收藏，遍交文友。其友遍布各階層，上至宰執，下至吏掾布衣，甚至如皇帝之尊亦與之御製墨跡，以爲欣讚。可觀出尤袤文名風雅之盛，惟所交情誼有厚薄，過從有疏密。今試網羅厚薄疏密之交，遍考其交往之情狀，或求之本集，或察之友人作品，或訪之宋代相關載籍，惟仍有資料缺乏之歎，無從詳爲考索。今所述諸人爲蒐羅所得，如有未載而爲袤友者或已述而仍有資料未列入者，俟有所得，容後續補。今所載交友人物多有詩歌書信往來，本文爲詳於知人論世之助，盡量載其書信往來之較具重要性內容。如未有書信往來，或書信已佚者，則載史籍相關之文字，以供參考驗證。其順序則依筆畫繁簡排列。

一、丁常任

　　丁常任，字卿季，晉陵人，博學強記，孝宗時累官戶部侍郎，極論復仇大義。後以大中大夫寶謨閣待制致仕（《咸淳臨安志》四八；《定齋集》〈祭丁待制文〉）。

二、胡　鎧

　　胡鎧，字伯遠，江陰人，登嘉定十六年進士，歷館閣校勘、秘書正字、校書郎、著作佐郎、知寶慶府，累官至工部郎中（《宋詩紀事補遺》六六；《南宋館閣續錄》）。

　　按：丁、胡二人依《萬柳溪邊舊話》所載，只知爲尤袤弟子，其他全無資料可

循，姑置之，待日後察考。

三、毛 玨

《宋詩紀事》四九：「（毛）玨，字平仲，三衢人，友之子，仕止宛陵東陽二州倅，有《樵隱集》」《直齋書錄解題》：「《樵隱集》十五卷，信安毛玨平仲撰，禮部尚書友之子，負才傲世，仕正州倅，與尤遂初厚善，臨終以書別之，囑以志墓，延之既為銘，又序其集」

按：毛玨既負才傲世，然又與尤袤厚善，並以書別之，囑以志墓；則此更加證明尤袤之博學善文，非徒虛名。今袤為毛玨作之銘文及集序已亡佚，無復知其內容，然毛玨曾為尤袤《遂初堂書目》所作之序卻仍得見，依其言「晉陵尤延之，始自青衿，迨夫白首，嗜好既篤，網羅斯備，日增月益，晝誦夕思」又云：「僕雅竊通書之好，每資餘燭之光，猥辱詰言，屬為序引，研精覃思，固不逮于楊雄，單見淺聞，復有慚於袁豹，勉濡翰墨，祇塵簡牘而已」則交往密切及欽佩拜服之狀似若可見。尤袤肯請序於毛玨，亦見袤心目中玨之份量。《直齋書錄解題》所稱「厚善」蓋實情也。

又按：毛玨《樵隱集》十五卷今已不傳，然毛晉卻得其《樵隱詞》一卷，板行於世，《四庫》已著錄，庶不至毛作全湮，然詞中仍無與袤之作，惜哉。

四、王明清

王明清，字仲言，汝陰人，銍次子，慶元間寓居嘉禾，官泰州倅。有《揮塵三錄》、《玉照新志》、《投轄錄》、《清林詩話》（《宋史翼》二七、二九；《至元嘉禾志》一三；《宋元學案補遺》四；《宋詩紀事》五八）。

按：尤袤與王明清當識於淳熙十年袤入朝仕吏部侍郎之後，據王明清所撰《揮塵三錄》卷三所載「明清晚識遂初尤延之先生，一見傾蓋，若平生歡，借譽引重，恩誼非輕，公任文昌」。文昌為尚書省別稱，而吏部侍郎官屬尚書省，故得知。王明清讚尤袤「博物洽聞」，其因來自尤袤於收藏研究墨跡法書之富，《揮塵三錄》載云：「公任文昌，一日忽問：天臨殿在於何時邪？明清云：自昔以來，蓋未有之。紹聖初，米元章為令畿邑之雍丘，遊治下古寺，寺僧指方丈云：頃章聖幸亳社，千乘萬騎經從嘗憩宿於中。元章即命彩飾建甌，嚴其羽衛，自書榜之曰天臨殿。時呂升鄉為提點開封府縣鎮公事。以謂下邑不白朝廷，擅創殿立名，將按治之，蔡元長作內相營救獲免。聞有自製殿贊，恨未見之。尤即從袖間出文書，迺元章所書贊也，云：才方得之。公可謂博物洽聞矣。翌日入省，形言稱道於稠人廣眾中焉。樓大防作夕郎，出示其近得周文矩所畫重屏圖，祐陵親題白樂天詩於上，有衣中央帽而坐

者，指以相問云：此何人邪？明清云：頃歲大父牧九江於廬山圓通寺，撫江南李中主像藏於家，今此繪容即其人，文矩丹青之妙，在當日列神品，蓋畫一時之景也。亟走介往會稽取舊收李像以呈，似面貌冠服無毫髮之少異，因爲跋其後，樓深以賞激。」後王明清出外任官，請袤以詩送行，詩成數篇，《揮麈三錄》只錄其一，其云：「繼而明清丐外，得請以詩送行，後一篇云：遂初陳跡邈淒涼，擊節青箱極薦揚，談笑於儂情易厚，典刑使我意差強，重屛唐畫論中主，古殿遺文話阿章，舊事從今向誰問，尺書時許到淮鄉。」可以知尤、王二人相交乃因有共同嗜好。

五、王原之（1131～1204）

王原之，字順伯，世本臨川人，左丞安禮四世孫也。祖榕始遷徙居於諸暨。紹興二十六年，原之以越鄉荐爲舉首，尋入太學，登乾道二年進士第，由秘書郎出爲淮南轉運判官，召爲度支郎，兩浙轉運判官，知臨安府提點坑冶鑄錢，提點江東刑獄，上章乞致仕，詔進直寶文閣，從所請。原之好古博雅，富藏先代彝器及金石刻，與尤袤俱以博古知名於時。嘗取古今碑刻參訂而詳著之，號《復齋金石錄》。嘉泰四年卒，年七十四（《寶慶會稽志》卷五）。

按：王原之傳除前述外，《宋史翼》卷二八及《咸淳臨安志》卷四八皆有之，可參看。尤袤與王順伯相識甚早，最遲亦在淳熙四年，二人俱喜碑刻古物，知名於當時，《寶慶會稽志》已記之矣，而楊萬里《誠齋集》卷二四〈跋王順伯所藏歐公集古錄序眞蹟〉亦載有「遂初欣遇兩詩伯，臨川先生一禪客」句，并自註云：「遂初欣遇，尤延之沈虞卿自號也。二公與順伯皆喜收碑刻，各自誇尙」。此年尤袤即爲王順伯所藏之蘭亭序第二本作跋文（見《梁谿遺稿》）。後淳熙十三年夏尤袤時立朝臨安，官右司郎中。而順伯於十三年時蓋亦立朝臨安，官履不詳。二人於臨安再會，尤袤有題順伯所藏蘭亭序第一本跋文。淳熙十四年上巳日，尤袤、王順伯、沈虞卿、林景思、楊萬里同遊西湖，《誠齋集》卷二二有詩紀之。至淳熙十六年正月順伯除直秘閣淮南路轉運判官（《南宋館閣續錄》卷八）方結束朝中同遊紀勝、共賞收藏之樂。

六、朱槹

朱槹字逢年，婺源人，松弟。少有軼才，自負其長，不肯隨俗俯仰，厄窮躓踣，有人所難堪，而其節愈厲，其氣愈高。其詩閒暇略不見悲傷憔悴之態。因夢名堂曰玉瀾，有《玉瀾集》（《宋詩鈔·玉瀾集鈔》；《宋詩紀事》卷三十九；《宋元學案補遺》卷三十九）。

按：朱槹與朱松爲弟兄，皆長於詩，朱松之子爲朱熹。朱槹《玉瀾集》有尤袤題序，此序於朱槹之敘述頗爲深刻，朱熹爲其叔所作之行狀甚且引其文以述之。其

文稱槔之個性云：「先生少有軼材，自負其長，不肯隨俗俯仰，厄窮踸踔，有人所難堪，而其節愈勵，其氣愈高」稱其詩風則云：「其詩閒暇略不見悲傷憔悴之態……〈春風〉一篇，雍容廣大，有聖門舞雩氣象。」〈感事〉三篇，慨然見經世之志。自作挽歌詞，齊得喪，一死生，直欲友淵明于千載」。然此稱《四庫提要》卻未以爲然，提要云：「後有尤袤跋，極稱其〈春風〉一篇，〈感事〉三首，然槔詩實不及松，袤所稱亦未爲盡允」。袤或於《玉瀾集》有過譽，然其與朱槔交友之好卻無庸置疑，槔生平描述亦多賴袤序而得傳也。

七、朱　熹（1130～1200）

朱熹，字元晦，徽州婺源人，紹興十八年進士，主泉州同安簿。孝宗初，召爲文學博士，未就。乾道三年除樞密院編修官。五年丁憂。七年免喪復召，以祿不及養，辭。九年授左宣教郎主管台州崇道觀，再辭。淳熙元年始拜命。三年，授秘書郎，辭，請祠，差管武夷山仲祐觀。五年，差知南康軍。八年除提舉江西常平茶鹽公事，又改提舉兩浙東路。十年，差主管台州崇道觀。十二年祠秩滿，復請祠，主管華州雲台觀。十四年改南京鴻慶宮。十五年主管西太乙宮。十六年改知漳州。紹熙二年除秘閣修撰，主管南京鴻慶宮。三年，除知靜江府廣西經略安撫使，辭。四年，除知潭州，荊湖南路安撫使。五年，寧宗即位，赴行在，上疏忤韓侂胄，罷歸。慶元元年詔依舊秘閣修撰，提舉南京鴻慶宮。二年，落職罷祠。四年，引年乞休。五年有旨致仕。六年三月初九卒，年七十一。所著有《易本啓蒙》、《大學中庸章句或問》、《論語孟子集註》、《詩集傳》、《通鑑綱目》、《名臣言行錄》、《河南程氏遺書》、《伊洛淵源錄》、《晦庵集》等（《宋史》四二九；錢穆《朱子年譜略》；王懋竑《朱子年譜》；朱玉《朱子年譜》、《勉齋集》卷三六〈文公先生行狀〉）。

按：尤袤與朱熹同爲紹興十八年進士，《西神叢語》卷二十：「尤文簡公試禮部，居第一，廷擬狀元，不肯呈卷于秦檜，檜以王佐易之。是科不呈檜卷者只有二人，公與朱晦庵也。」則知二人時志一同，俱知名獨特於時，《萬柳溪邊舊話》即云：「文簡公與朱文公同榜，俱有文名」。孝宗淳熙五至八年間，尤袤官江東提舉，朱熹則官知南康軍，曾有書信往來：於公有〈與江東尤提舉箚子〉言乞袤早示公牒於朝，使撥定米數以解決米糧不足之情形，並慰安善良，彈壓姦盜。於私則有〈答尤延之書〉，意冀袤等「諸賢協贊明主，進賢退姦，大開公正之路，使宗社尊安，生靈有庇」，於袤之期望寄託甚高。淳熙八年三月，朱熹由知南康軍除江西提舉，尤袤有詩送之——〈送朱晦庵南歸〉，已載繫年。而先是天荒，朱熹於南康時曾講修荒之政，尤袤時遵行其法，「下五等戶租五斗以下悉蠲之」於諸郡，民無流殍，

故於是年得召進直祕閣，並遷江西漕兼知隆興府（《宋史》本傳），朱熹亦因荒政奏效而得除職轉官並進直秘閣（《宋會要輯稿》冊五十二）。淳熙十年，朱熹主管台州崇道觀，爲文記江西運司養濟院，稱道創立及遷院擴展之官員，而尤袤即爲於任內致力遷徙改善者之一，文見《朱文公文集》卷七十九〈江西運司養濟院記〉。此後來往詳情惟得察考於《晦庵集》載之答尤袤數封書信：《晦庵集》卷三十七〈答尤延之〉有二篇：其文首爲略論朱熹《通鑑綱目》所載楊雄、荀彧二事史筆之法，二爲勸擢後學，其有言云：「今日下位後生中尙不爲無人，雖眞僞相半，然亦且得勸勉獎就之，未敢輕有遺弃也。」三爲囑袤勸同友陳亮鋒芒稍歛，以避後患，其言云：「陳同父近得書，大言如昨，亦力勸之，令其稍就歛退，若未見信，即後日之患，猶或有甚於此者，甚可念也。」其四爲請尤袤作其叔祖朱弁之墓誌銘，如蒙惠賜，熹感激之至。其文云：「鄙意輒欲次其行事，以請於左右，幸而并賜之銘，則宗族子孫皆受不貲之惠」。而《晦庵續集》卷三〈答尤尙書〉則文分數段，所載內容不一，時間似亦迥異，今載述其與尤袤較密切相關者，前〈答延之書〉有求尤袤爲作〈朱弁墓誌銘〉一文，而於此〈答尤尙書〉中，朱熹因已收到袤作而致謝，並稱袤文特出優異，其時則爲淳熙十四年。其文云：「奉三月四日手教，一通三復慰，喜不可具言，又蒙封送差敕，及所撰族祖銘文尤切感荷，衰病之餘，復叨祠祿，已爲優幸，而雲臺改命（按淳熙十四年朱熹由華州雲臺觀改南京鴻慶宮），又如私請，便得仰止希夷之高躅以激衰懦，則又報事者不言之教也，幸甚。誌銘之作雄健高古，曲盡事情，雖或節用行狀之詞（按王明清《揮麈三錄》卷三載朱熹為族人朱弁作行狀），而一經點化，精神迴出，正襟伏讀，使人魄動神悚，知君臣之義，與生俱生，果非從外得也。竊謂此文實天下名教之指南，寒鄉冷族何幸而獨得之」。惜乎尤袤此篇墓誌銘已亡佚，不得而見其動人之處。於上段所言記載外，餘段所論多爲詢問論說友人之近況及其作爲，無甚與袤相關，姑置之。

八、吳仁傑

吳仁傑，字斗南，一字南英，自號蠹隱。其先洛陽人，居崑山。博洽經史，講學於朱子之門。登淳熙進士第，歷羅田令、國子學錄。有《古周易》、《易圖說》、《集古易》、《洪範辯圖》、《兩漢刊誤補遺》、《離騷草木疏等書》（《宋元學案》六九；《四庫提要》卷一）。

按：吳仁傑有玩芳亭，且精於《易經》，《宋史·藝文志》載有《古周易》十二卷、《易圖說》三卷、《集古易》一卷，《四庫全書》錄有《易圖說》。尤袤與之交往蓋以此也。《梁谿遺稿》〈與吳斗南書〉：「頃得呂東萊所定《古易》一編，

朱元晦爲之跋，當以板行，乃與左右所刊呂汲公古經無毫髮異，而東萊不及微仲，嘗編此書，豈偶然同邪？」則與吳斗南論呂東萊及呂大防《古周易》雷同之問題。此異人所書而內容實同之《古周易》懸案，《四庫提要》亦提及，其言「《古周易》一卷、呂祖謙編，……宋呂大防始考驗舊文作《周易古經》二卷……吳仁傑作《古周易》十二卷，大致互相出入。祖謙此書與仁傑書最晚出而較仁傑爲有據。……朱子嘗爲之跋，後作本義即用此本，其書與呂大防書相同，而不言本之大防。尤袤與吳仁傑書嘗論之。然祖謙非竊據人書者，稅與權〈校正周易古經序〉謂偶未見大防本。殆得其實矣。」斷爲非抄襲之也。吾人觀尤袤此書，知袤於周易之學及刊印之業亦頗嗜之矣。尤、吳二人除此書往還外，今無他籍可考兩人來往事。

九、呂祖謙（1137～1181）

呂祖謙，字伯恭，婺州人，大器子。隆興元年進士，復中博學弘詞，官至秘閣著作郎、國史院編修。與朱熹、張栻齊名，稱爲東南三賢。少時性卞急，一日誦孔子躬自厚而薄責於人語，平時忿懥，忽煥然冰釋。其文詞閎肆辨博，凌厲無前。於詩書春秋，多究古義，於十七史皆有詳節，故詞多根柢，學者稱東萊先生。淳熙八年卒，年四十五，諡曰成。著有《古周易》、《易說》、《書說》、《春秋左氏傳說》、《東萊左氏博議》、《大事記》、《歷代制度詳說》、《呂氏家塾讀詩記》、《少儀外傳》、《近思錄》、《麗澤論說集錄》、《臥遊錄》、《詩律武庫》、《東萊呂太史集》。所輯有《古文關鍵》、《皇朝文鑑》（《宋人傳記資料索引》）。

按：呂祖謙和袤之關係就可見之資料有尤袤所著之〈呂氏家塾讀詩記序〉，尤袤稱其博觀六經，後人觀其書而得求先王所以著書之美意，於聖學之傳揚，功實非淺。全文已載事蹟繫年之淳熙九年中矣。又《象山先生全集》附年譜卷三六：「乾道八年壬辰，先生三十四歲，春試南宮奏名，時尤延之袤、知舉呂伯恭祖謙爲考官」知二人曾同爲考官，甄選人才。

十、吳　環

吳環，開封人，高宗吳后姪，蓋子，以待制帥襄陽，歷官至光仕軍節度使，以少師致仕，贈永安郡王（《宋史》四六五；《南宋書》卷六七；《宋詩紀事》四八）。

按：吳環以待制帥襄陽時，袤有詩二首送之，《梁谿遺稿》引《瀛奎律髓》〈送吳待制帥襄陽二首〉云：

　　方持紫橐待西清，忽領雄藩向暑行，
　　誰謂風流貴公子，甘爲辛苦一書生，

詞源筆下三千牘，武庫胸中十萬兵，
從此君王寬北顧，山南東道得長城。（之一）

欲將盤錯試餘鋒，故擁旗麾訖外庸，
南峴北津形勝地，前羊後杜昔賢蹤，
不妨倒載同民樂，自有輕裘折鹵衝，
努力功名歸報國，莫思山月與林鐘。（之二）

十一、李廷忠

李廷忠，字居厚，號橘山，於潛人，淳熙八年進士。初官於潛教授，累遷夔州守，罷歸。有《橘山甲乙稿》，《洞霄詩集》（《全宋詞》卷四；《宋詩紀事》卷五五）。

按：李廷忠之文集，依《四庫全書》所錄為《橘山四六》，其名與《橘山甲乙稿》異，今從四庫所錄之文集卷十九中察有李廷忠所書〈賀尤提舉〉、〈賀尤提舉除都官郎中〉二篇與袤之文章，文中多賀慶之辭及讚許之應酬話語，於此推測廷忠與袤並無深交。廷忠有「學統聖真，氣鍾神秀」之語稱之。

十二、李　祥（1128～1201）

李祥，字元德，常州無錫人，除隆興元年進士，為錢塘主簿，調濠州錄事參軍，累官太學博士、國子博士、司農寺丞、樞密院編修官兼刑部郎官、大宗正丞、軍器少監，後出為提舉淮東常平茶鹽、淮西運判，遷國子司業、宗正少卿，國子祭酒。丞相趙汝愚以言去國，祥上書爭之，除直龍閣湖南運副，請老，以直龍圖閣致仕，嘉泰元年八月卒，年七十四，諡肅簡（《水心文集》二四〈李公墓誌銘〉；《宋史》四○○）。

按：李祥為尤袤弟子，和蔣重珍同列無錫五賢，理學傳承自楊時，吳人甚推之，與師得並列為，詳情見載於蔣重珍條，今不贅述。

十三、李曾伯

李曾伯，字長孺、號可齋，懷州人，後居嘉興，邦彥曾孫。理宗時累官沿海制置使，咸淳初為殿中侍御史陳宗禮論劾褫職。德祐初追復原官。曾伯初與賈似道俱為閫帥，邊境之事，知無不言，似道卒嫉之，使不竟其用。有《可齋雜稿》（《宋人傳記資料索引》）。

按：李曾伯與尤袤之交往只能由其《可齋雜稿》卷六、七及《續稿》卷二的三篇文章來探討。李曾伯集中有〈通淮西尤帥漕〉、〈代上尤帥〉、〈謝尤內翰四六箚〉三篇與袤作品，由於晚輩後進身份，文中多提望蒙提攜及讚頌尤袤之語，其有

言「巨哲經國，遠猷文獻典型，蔚有乾道淳熙之舊，淵源師友，親承武夷洛學之傳……州縣備更不作勞人之嘆，江湖高臥每懷憂世之心……去國幾年，直氣仍存於凜凜，分曹兩地，嘉謨克贊於洋洋」又有「吾道津梁，諸儒山斗，雖心所自得一貫之理，猶手不停披百家之書」及「善藪津梁，斯文山斗，爵德齒一，乃本朝文富，其人才學識三在西都班馬之上」之讚，其於袤個性之描述，亦頗貼切。

十四、李　燾（1115～1184）

　　李燾，字仁甫，眉州丹稜人。紹興八年擢進士第，調華陽簿，再調雅州推官，改秩知雙流縣。倣《資治通鑑》例作長編。乾道三年除兵部員外郎，兼禮部郎中。四年，上《續通鑑長編》。五年遷秘書少監兼權起居舍人，尋兼實錄院檢討官，除直顯謨閣湖北轉運副使。八年，直寶文閣帥潼川兼知瀘州。淳熙改元，乞祠，除江西運副，進秘閣修撰同修國史，權實錄院同修撰。三年，除權禮部侍郎。累遷秘書郎、秘書省正字、著作郎，進敷文閣學士兼侍講。十一年乞致仕，年七十卒，諡文簡（《宋史》三八八；王德毅《李燾父子年譜》）。

　　按：李燾生平官履多兼實錄院修撰或修國史之職，長於史事可知。而尤袤於其仕途中亦類李燾兼修史之職；乾道七年始兼國史院編修官及實錄院檢討官，八年亦兼實錄院檢討官。李燾於乾道五年始兼實錄院檢討官，至八年始出朝知州。乾道七、八年期間二人必有相互接觸，共修史錄之經驗。故燾於淳熙十年晚年之際，薦尤袤等十人為史官（《宋史》卷三八八），以接替修史之職。淳熙十一年，李燾致仕卒，袤於十一月兼國史院編修官。淳熙十二年二月宰執進呈尤袤兼國史院編修官（《宋會要輯稿》冊七十〈職官〉十八）。淳熙十三、十四二年連兼之，十五年則兼同修國史及實錄院同修撰。觀尤袤兼修之職，得知尤、李二人能力際遇同，其相識即因此故，故二人於卒後同諡為文簡，實非偶然。

十五、汪應辰（1119～1176）

　　汪應辰，初名洋，字聖錫，信州玉山人。紹興五年進士第一，初為祕書省正字。時秦檜主和議，應辰上疏力言因循無備，上下相蒙之可畏，忤檜意，出通判建州。檜死，始還朝，累官吏部尚書。剛方正直，敢言不避，中貴多側目。以端明殿學士出知平江府，連貶秩，遂致仕不起。應辰少從呂本中、胡安國游，精於義理，好賢樂善，殆出天性，淳熙三年卒，年五十八，諡文定，學者稱玉山先生。有《文定集》五十卷（《宋人傳記資料索引》）。

　　按：尤袤曾從汪應辰游，《宋史》載之，故汪應辰應為袤之師也。應辰既好賢樂善，精於義理，則袤之受教所及亦離此不遠矣。尤其義理方面，袤受益非淺。時

乾淳年間，程氏學稍振，忌之者目爲道學而將攻之，袤即發言正之，所言多切要點，後人以袤爲知言矣。詳論見《宋史》尤袤傳。此外應辰《文定集》中〈答尤延之〉一篇所言亦多爲道理所引發之學派論理。是以吾人知二人之交往多侷限於純學理之討論，未多涉於其他，此其交往之大概也。今錄應辰和尤延之書以供參考：

> 蒙喻劉陳二公，此皆一時宗師，尤難措詞，項嘗問呂居仁丈神宗實錄，張天祺張横渠傳，殆非尋常文士所能作。呂丈云此兩傳皆是范純甫自做，他人豈易及此。天祺傳言新法之害當與王安石分受其過，横渠言乃考索所至，非默識心通，今此二公恐亦類此，輒以所聞謾錄呈上，舊見范忠宣、王正仲、曾子開皆云元祐間有朋黨之論，忠宣辨尤力，錄歐陽公朋黨論以進，忠宣奏議言行錄皆可考，然竟不知何人爲黨論，其論指何事也，後得一書曰：元祐密疏者有劉器之一章，分王安石、呂惠卿、蔡確之黨，各具姓名于其下，方知忠宣所爭者此也，器之盡言集亦不載此章，元祐密疏李仁甫曾借去錄本留史院，恐須載併及忠宣所論于傳末，瑩中再作四明尊堯集，爲悔過之書，以寄器之，器之答云：神宗未嘗師安石，安石豈足爲聖人，昔既稱道如此，今乃置之僭逆悖亂之域，是非去取有非鄙拙所能曉者，然事君行已苟亦無憾，而今而後可以已矣，事君行已等語蓋亦察其心也，又有書與楊中立，以爲不辭一身之有過，願成來者之無過，楊答以賢知過之，則道不明不行，安能來者之無過乎？因及禹稷顏回事，或出或處，皆當其可耳，瑩中齒長而答書以先生稱揚之，復以書辭避，瑩中云：先生指纓閉以救其惑，謂纓冠閉戶，龜山及了翁集其書具載可考也，此兩段合載于瑩中傳末，視黯無怍，欲改作于黯無怍，道固如是不由外鑠，其下添兩句云視彼汲直，如玉而琢。

十六、何　澹

何澹，字自然，處州龍泉人。乾道二年蕭國梁榜進士。淳熙二年授秘書省正字，四年除校書郎，七年除秘書郎，九年除祕書丞，十二年將作少監，十三年任將作監，十五年任國子司業，遷祭酒，除兵部侍郎。光宗內禪，拜右諫議大夫兼侍講。慶元元年任御史中丞，二年除同知樞密院，除參知政事。嘉泰元年罷。嘉定元年，以觀文殿學士知建康府兼江淮制置使。有《小山集》（《宋史》三九四；《南宋館閣錄》、《續錄》；《宋中興東宮官僚題名》）。

按：尤袤與何澹相識蓋在淳熙十年入京時，與初識葛邲、余端禮同一時期。《誠齋集》卷一九載淳熙十二年尤袤與何澹等儲禁同僚遊西湖詩，題稱「何自然少監」，

時何澹任將作少監，尤袤任太子侍講，並在臨安。嗣後交游無考。

十七、沈　瀛

沈瀛、字子壽，號竹齋，歸安人。紹興三十年進士，歷知江州、江東安撫司參議。有《竹齋詞》（全宋詞卷）。

按：沈瀛傳略簡疏，史籍鮮載，今據文集所得加以補之。《宋詩紀事》卷五一載沈瀛係湖州人。《水心文集》卷十二〈沈子壽文集序〉云：「吳興（湖州治）沈子壽少入小學，名聞四方，仕四十餘年，絀於王官，再入館，三佐帥府，公私憔悴而子壽老矣，然其平生業嗜文字若性命在身，非外物也。」又卷十〈北村記〉云：「戶部尚書吳興沈公園於城北奉勝門外」。尤袤與沈子壽之相識雷同於莫仲謙，皆於淳熙十三年上巳日聚集張鎡園而識，時沈子壽官爵不詳，然立朝臨安，故得與袤相識。

十八、沈　揆

沈揆，字虞卿，嘉興人。紹興三十年進士，淳熙六年以朝奉郎知嘉興，人號儒者之政。九年除祕書少監，十四年為秘閣修撰、江東運副。紹熙元年中大夫知寧國府，二年知蘇州，四年除司農卿，權吏部侍郎，七年朝奉大夫，知台州，官知禮部侍郎，著有《野堂集》（《宋詩紀事補遺》）。

按：尤袤和沈虞卿於淳熙十年同侍東宮，虞卿以祕書少監兼太子左諭德，袤則以吏部尚書兼太子侍講。淳熙十二年，八月時誠齋以吏部郎中之職兼太子侍講，時尤袤與時職兼諭德之沈虞卿上太子講堂受太子詢問誠齋為人（見《誠齋集》卷二二〈東宮勸讀錄楊長孺職〉）。稍後尤袤、沈虞卿、楊萬里等諸位太子侍讀侍講同好共泛舟西湖，步登孤山，《誠齋集》卷一九有詩紀其事。淳熙十三年春，陸游祿滿將知嚴州前之文酒之會，並賞海棠張鎡園之游，沈虞卿亦列其中（《誠齋集》卷十二）。淳熙十四年春上巳日再同游西湖（《誠齋集》卷二二），後和楊萬里聊說文事時，尤、虞二人亦同稱林憲詩句之佳，渾然天成語驚人（《誠齋集》卷二二）此後至延之忤權倖去國，無酬唱交往之記載，然同朝為官，時相往來，應為常事，大概至淳熙十六年，二人方結束酬唱生涯。虞卿喜好收藏碑刻，和尤袤、王順伯時相誇尚，知名當時。二人曾經和楊萬里辨王順伯所藏歐陽修集古錄序真跡，至夜不倦（《誠齋集》卷二四）。

十九、周　頡

周頡，字元吉，長興人。紹興十五年進士，曾以朝奉郎知德安府。淳熙十二年任右司郎中。十四年為湖北轉運判官。又曾官兩浙提刑（《全宋詞》卷）。

按：周元吉事，書不多載。與尤袤相游在淳熙十三年上巳日陸游文酒之會，時

元吉任右司郎中，而袤亦官右司郎中，至是年八月方遷左司郎中，故時春，二人爲同事關係，同遊張鎡園賞海棠。後元吉爲湖北判官，離朝上任，結束同朝相識。則知尤、周二人同朝共事爲時一年有餘。

二十、周必大（1126～1204）

周必大，字子允，一字洪道，廬陵人。紹興二十一年第進士，授徽州戶曹。中博學宏詞科，教授建康府，除太學錄，召試館職，除祕書省正字，兼國史院編修官，除監察御史，孝宗踐祚，除起居郎，兼編類聖政所詳定官，又兼權中書舍人。久之除敷文閣待制兼侍讀，兼權兵部侍郎，兼直學士院，進禮部尙書，除參知政事，知樞密院。淳熙十四年拜右丞相。十五年封濟國公，拜左丞相。十六年拜少保益國公，求去，以少保克醴泉觀使判隆興府，不赴，除觀文殿學士，判潭州，復益國公，改判隆興，除醴泉觀使。寧宗即位，奏四事。慶元元年，三上表引年，遂以少傅致仕。嘉泰元年，御史劾降爲太保。二年，復少傅，四年卒，年七十九，贈太師，諡文忠。必大號省齋居士，晚號平園老叟，有《文忠集》二百卷（李壁〈周文忠公行狀〉；《宋史》三九一；清宋賓王《周益公年譜》）。

按：尤袤與周必大之結識當在乾道七年袤爲秘書丞時。今據尤袤和周必大往來四封書信之時間判斷，首封時注「乾道八年」，而尤袤於朝中任官始於七年五月，故極可能相識於乾道七年。二人交往情形並不詳盡，惟周必大文忠集卷一八九有四篇與尤袤之書信，時間分別爲乾道八年、淳熙八年、淳熙十年、紹熙三年，內容則多爲公事之討論，間及問侯之語，故二人關係大致爲同僚泛泛之交，並未深識，亦無酬唱出遊之事。然尤袤家藏書法眞蹟，周必大曾親臨觀之，並作有跋文，周文宗公全集卷十八有〈跋尤延之家藏蘇子美四時歌眞蹟〉一文云：「同時則妒賢嫉能，異世乃哀窮悼屈，古今殆一律也，使劉元瑜輩見子美詞翰于百年之後則所謂一網之擧，安知不轉爲什襲之藏乎。淳熙甲辰十二月三日」

廿一、京　鏜（1138～1200）

京鏜，字仲遠，豫章人，紹興二十七年進士。乾道三年星子縣令。淳熙五年擢監察御史，十三年遷右司郎中，轉中書門下省檢正諸房公事。高宗喪，受命使金報謝來弔，不受宴樂，使還，擢權工部侍郎。四川闕帥，爲安撫制置使兼知成都府，召爲刑部尙書。寧宗立，累遷爲左丞相。當是時，韓侂胄權勢威震天下，京鏜既得位，一變其素守，唯奉侂胄風旨而已。又荐引劉德秀，排擊善類，於是有僞學之禁。慶元六年八月卒，年六十三，諡文穆，改諡文忠，復改莊定。著作有《雜著》三十卷，《經學講義》五卷，《全宋詞》輯有《松坡樂府》一卷（《宋史》三九四；《誠齋

集》卷一二三〈文忠京公墓誌銘〉)。

按:尤袤和京鏜相識在淳熙十三年,是年尤袤八月前為右司郎中,八月為左司郎中,而京鏜是年為右司郎中,二人同於尚書都省任職。淳熙十四年袤官中書門下省檢正諸房公事,而京鏜於右司郎中官後即轉中書門下省檢正諸房公事一職。想必是年尤、京二人再續同事之緣,朝夕相處,五月於是有玉壺餞客之宴聚,《誠齋集》卷二十二有「同尤延之京仲遠王壺餞客」。秋,尤袤同楊萬里游山賞菊,久待京鏜不至,又相待於靈芝寺,誠齋有詩紀之(《誠齋集》卷二十二)。有云:「我隨梁溪叟,觸次饒驪讕,坐無山浦翁,談間頓蕭索」可見三人交游情形。十月高宗崩,淳熙十五年京鏜奉命使金,不復面晤,結束酬唱。此後無見往還。

廿二、林　憲

林憲,字景思,吳興人,少從侍郎徐度遊。度得句法於魏衍,實後山嫡派。卓犖有大志,參政賀子忱奇其才,以孫女妻之。賀既亡,挈其孥居蕭寺,屢瀕於餒而不悔,讀書著文不改其樂。喜哦詩,落筆立就,渾然天成,一時名流,皆願交之。與徐敦立、芮國器、莫子及、毛平仲相為莫逆。楊誠齋、樓攻媿皆稱其詩似唐人。其人高尚清談,五言四韻古句殆逼陶謝(《宋史翼》三六;《嘉定赤城志》三四)。

按:尤袤初識林憲在淳熙初年任台州太守時,《梁溪遺稿》〈雪巢記〉云:「余來天台始識君,一見如平生歡」。因初見傾蓋,往後交往密切;淳熙五年林憲雪巢小集成,尤袤序之,家居雪巢落成,尤袤記之,於林憲多所稱讚褒揚,深愛其才,稱其「獨喜哦詩,初不鍛鍊而落筆立就,渾然天成,無一語蹈襲。……唐人之精于詩者不是過,一時名流皆願交之」(見《梁溪遺稿》〈雪巢小集序〉及〈雪巢記〉),又袤以台州郡治之亭閣為題,命景思賦詩以對,而景思即賦詩十二首還之命。其十二詩載林表民編之天台續集別編卷四〈臺州郡治十二詩太守尤延之命賦〉:

　　　　雙巖堂:兩崖玉巉然,秀色真可餐,嵐煙落窗几,慘澹雲水間,
　　　　　　　　幽人美清夜,和月憑欄干,天空山影直,八表生晴寒。
　　　　參雲亭:孤雲不可攀,浩氣相與遙,著亭翠微頂,飛簷侵沆寥,
　　　　　　　　紫麟迂遠駕,黃鵠回扶搖,雲收天籟息,亭影摩重霄。
　　　　凝思堂:遠思八表外,澹然何所凝,蒼巖宿空聞,脩竹風泠泠,
　　　　　　　　秋老竹亦瘦,月上巖更清,手持玉如意,天豁河漢明。
　　　　玉霄亭:蜿蜒龍顧山,霄漢在人境,古亭壓虛無,雲氣倒天景,
　　　　　　　　天澄碧芙蕖,一葉一亭影,凝然千葉上,有客動深省。
　　　　霞起堂:赤城在何處,明霞坐中起,大千無色界,向背五雲裡,

羽人跨丹鳳，千載一來止，嚥漱餐泰和，瓊田結珠蕊。

樂山堂：茲堂雖不華，三面受山色，直東接溟海，雲霧時振翮，
　　　　幾年蕪穢深，一日洞天拆，悠然舒嘯中，自得仁所宅。

靜鎮堂：天下本無事，智者欣有作，誰能此堂上，靜坐對寥廓，
　　　　魚游鳥翔回，千里受眞樂，從渠錦繡腸，天壤自卜度。

匿峰亭：千嶺隨指顧，一峰不可匿，如何超逸士，勘破造化跡，
　　　　隱然胸中奇，磅礴巖煙碧，夜半秋月寒，人境俱峻極。

清平閣：飲濁斯貴清，路險斯貴平，明明古君子，日用無非誠，
　　　　寒潭寒徹底，坦道安無傾，日用儻如此，政化天與成。

君子堂：古人不可逢，豈徒慕其名，茲堂號君子，想像勞我情，
　　　　高山仰後世，作者追前聲，何處見文簡，堂虛風更清。

駐目亭：郡齋多勝覽，隨處山拱揖，一亭更留人，小立雲百級，
　　　　峰巒方獻狀，霾霧且無集，是中頗空洞，不礙山色入。

節愛堂：聖人定規模，用節民自愛，後來巧施爲，民害深可慨，
　　　　先生壽正脈，吾道燦然在，揭以榜屋梁，流風萬千載。

　　後尤袤於淳熙五年任滿離台州時，作〈別林景思〉詩送之，詩中充滿依依不捨之情，言台州任內無甚作爲，「獨喜從游得此君」，肺腑之言，溢於詩文。後淳熙十二年時袤於朝中任右司郎中，自台州任滿至此已暌別七載，有詩〈寄林景思〉懷之，感歎「相識如君更幾人」。淳熙十四年時，林憲亦來朝中，官履未詳，尤袤與之同好友共游西湖，誠齋有詩紀其事；《誠齋集》卷二二「上巳同沈虞卿、尤延之、王順伯、林景思游湖上，隨和韻得十絕句呈之同社」，此後朝中往來，袤之同僚亦稱其善，《誠齋集》卷二二〈林景思寄贈五言以長句謝之〉：「華亭沈虞卿，惠山尤延之，每見無雜語，只說林景思」可見尤袤對其惜愛之深。

廿三、姜　夔（1155～1221）

　　姜夔，字堯章，鄱陽人。父噩，紹興三十年進士，以新喻丞知漢陽縣，卒於官。夔孩幼隨宦，往來沔鄂幾二十年。淳熙間客湖南，識閩清蕭德藻，德藻以其兄之子妻之，攜之同寓湖州。永嘉潘檉字之曰白石道人。嘉定十四年卒於西湖。著有詩集、詩說、歌曲、續書譜、絳帖平等。嚴杰擬傳云白石於寧宗慶元三年詣京師，上《大樂議》一卷、《琴瑟考古圖》一卷：五年作《饒歌鼓吹曲》一十四章（嚴杰《南宋姜夔傳》；夏承燾輯〈白石道人傳〉及〈行實考〉）。

　　按：姜夔曾於淳熙十六年秋親至無錫謁見尤袤，時袤因論事忤姜特立，被指爲

周必大黨而去國,返無錫家居。姜夔親見袤,與之討論詩派。〈白石道人詩集自序〉載「近過梁谿見尤延之,先生問余詩自誰氏?余對以異時泛閱眾作,已而病其駁如也,三薰三沐,師黃太史氏,居數年,一語噤不敢吐,始大悟學即病,顧不若無所學之爲得,雖黃詩亦偬然高閣矣。先生因爲余言近世人士喜宗江西,溫潤有如范致能者乎?痛快有如楊廷秀者乎?高古如蕭東夫,俊逸如陸務觀,是皆自出機軸,宣有可觀者,又奚以江西爲」在討論中我們看到尤袤於當時詩人之評價。嗣後光宗即位,袤再度立朝臨安,遂與姜夔分離,無復往還討論。

廿四、洪适（1117～1184）

洪适,字景伯,紹興十二年中博學宏詞科,除敕令所刪定官,秘書省正字。孝宗時遷司農少卿,權直學士院,除中書舍人。乾道元年五月遷翰林學士,八月拜參知政事,十二月拜尚書右僕射同中書門下平章事兼樞密使,未幾,罷爲觀文殿學士。家居十六年,以著述自娛。淳熙十一年卒,年六十八,諡文惠,著有《隸釋》、《隸續》、《盤洲集》（《盤洲文集》附錄〈洪公行狀〉;《文忠集》六七〈洪公神道碑〉;《宋史》三七三;錢大昕《洪文惠公年譜》）。

按:尤袤與洪适往還因有古籍圖錄之共同嗜好。洪适家居期間,淳熙七年,袤任江東提舉,刻有《隸續》二卷,洪适曾爲之跋（文已載繫年中）,八年六月又作〈淳熙隸釋跋〉,於尤袤「鋟板埤助」,特識以謝之（《盤洲文集》卷六十三）。蓋二人藉刻籍而得相交,洪适所言「延之與我同志」是也。

又按洪适所撰《隸釋》今傳爲二十七卷,與《盤洲文集》所載〈隸釋跋文〉言五十卷差幾半矣。其因《四庫提要》隸釋二十七卷載言「其自題曰淳熙隸釋者乃兼後所續得合爲一編,今其本不傳,傳者乃隸釋隸續各自爲書」。前十卷薈萃漢隸一百八十九種,上起建武,迄於黃初青龍,而以西晉所刊張平子碑殿之,皆以楷書錄其全文,對假借通用之字,一一疏通證明,其碑文與史事有關者,詳加辨訂異同。後八卷爲彙聚諸家碑目。而《隸續》則有二十一卷,體例與前書同,然今傳本殘缺不全。

廿五、袁說友（1140～1204）

袁說友,字起巖,建安人,寓居湖州,年二十四登隆興元年進士,調建康府溧陽縣主簿。淳熙四年官秘書丞兼權左司郎官,五年差充浙西安撫司參議,六年召至行在賜對,除知池州,尋坐事罷。紹熙中入爲侍左郎中加直顯謨閣知福安府,遷太府少卿權戶部侍郎。寧宗即位,落權正職兼侍講,慶元二年除敷文閣學士出爲四川制置使知成都府,復入爲吏部尚書兼侍讀,尋知紹興府兼浙東路安撫使,嘉泰初復召爲吏部尚

書兼侍讀。二年除同知樞密院事。三年正月拜參知政事，九月罷，以資政殿學士知鎮江府，辭，提舉臨安府洞霄宮加太學士致仕。四年卒於湖州，年六十五，著有《擇善易解》、《東塘集》（《東塘集》附錄家傳；《福建通志》三七四；《宋史翼》卷一四）。

　　按：尤、袁二人相識於淳熙六年。時袁說友知池州，而尤袤爲池州倉使，尤袤〈文選考異序〉云：「說友到郡之初，倉使尤公方議鋟文選板，以實故事，念費差廣而力未給，說友言『是固此邦缺文也，願略他費以佐其用，可乎？』迺相與規度費出，閱一歲有半而後成，則所以敬事於神者厚矣」。此後交往無考。尤袤卒後，袁說友有祭文悼之（《東塘集》卷十六）。尤袤葬時，說友曾親臨視之，祭文有言「聞公易簀，我嘗視之，及公蓋棺，我實撫之」。

廿六、張　栻（1133～1180）

　　張栻，字敬夫，一字欽夫，一字樂齋，號南軒，廣漢人，丞相張浚子。師胡宏，曾作希顏錄。以蔭補官辟宣撫司都督府書寫機宜文字，除直秘閣。時孝宗新即位，浚起謫籍，開府治戎。栻以少年內贊密謀，外參庶務。隆興二年，浚卒。服除後劉拱薦之，未上，改嚴州。明年召爲吏部侍郎，兼權起居郎。知閣門事張說除簽書樞密院事，栻夜草疏極諫其不可。明年，出知袁州，後退居長沙待次。淳熙改元，除舊職知靜江府，經略安撫廣南西路。以善政詔特進秩直寶文閣。五年，除秘閣修撰荊湖北路轉運副使，改知江陵府安撫本路，以右文殿修撰提舉武夷山沖佑觀。淳熙七年卒，年四十八。著有《南軒易說》、《癸巳論語解》、《癸巳孟子說》、《伊川粹言、《南軒集等》（《誠齋集》張左司傳；《朱子大全集》神道碑；《宋史》四二九）。

　　按：張栻與尤袤相識始於二人皆初入朝爲官時。孝宗隆興時袤初入朝爲將作監簿、大宗正丞等職，而張栻則爲直秘閣、機宜文字等職。至乾道七年五月尤袤除爲秘書丞，時張栻爲吏部侍郎，聞此除命，讚袤爲「眞秘書矣」，而時楊萬里以宰相陳俊卿、虞允文之薦，入朝爲國子博士，因張栻此讚語始得識袤而與之成莫逆。尤楊二人得相識，張栻媒介之功居首。此年張栻因論張說除簽書樞密院事，出知袁州，此後尤、張二人交游無考。栻卒時，袤居江東提舉之官。

廿七、張　鎡（1153～？）

　　張鎡，字功父，舊字時可，號約齋，成紀人，居臨安，張俊諸孫。生於紹興二十三年。隆興二年爲大理司直。淳熙五年，以直秘閣通判婺州。慶元元年任司農寺主簿，三年任司農寺丞。開禧三年爲司農少卿，坐事追兩官送廣德軍居住。嘉定四年，坐扇搖國本，除名象州編管。有《南湖集》、《玉照堂詞》（《宋詩紀事》卷；《全宋詞》小傳）。

按：張鎡有園，富麗當時，《齊東野語》即云：「張鎡功甫號約齋，循忠列王諸孫，能詩，一時名士大夫莫不交游。其園池聲妓服玩之麗甲天下」。尤袤識張鎡疑在此園。《誠齋集》卷十九卷載「上巳日，予與沈虞卿、尤延之、莫仲謙招陸務觀、沈子壽小集張氏北園賞海棠……」時爲淳熙十三春。淳熙十六年張鎡有〈呈尤侍郎陸禮部〉五言古詩（《南湖集》卷三），有言「幻作萬石酒，爛醉三千年，世間生死俱掃空，況復戲弄晃與軒，江西楊子雲，道院方書眠，來書拆半月，欲報懶欲忱，許我詩五十，方得見六篇，清脾似陶謝，尤覺詞精便，尤陸二丈人，和答尚未全，賤子焉敢繼，口誦心臂鑴，此月小築成，南湖向西遍，規模從簡儉，門牆抵人肩，池亭巧相通，萬竹夾澗泉，風月豈易量，肯換閒憂煎，懷公不能休，語盡終難宣」敘及園池、詩文及感懷。即因張鎡詩學亦頗精深，故袤亦樂與交往。四庫全書總目南湖集提要云：「然其詩學則頗爲精深，如尤袤、陸游、辛棄疾、周必大、范成大諸人皆相傾挹〉可知袤初識張鎡於宴遊之園，而後往還則以其詩學繫之也。今觀張鎡南湖集中與袤酬唱之作除前述外，尚有〈賀尤禮侍兼修史侍講直學士院四首〉、〈張郎中尤少卿相繼過訪未果往謝先成古詩寄呈〉、〈寄呈尤侍郎二首〉、〈尤丈京丈和篇沓至四用前韻爲謝〉、〈立春日園梅未花書呈尤檢正〉、〈南湖有懷逐初尤公侍郎寄贈七言〉六篇。

廿八、莫叔光

莫叔光、字仲謙，山陰人。隆興元年進士，調信州永豐縣尉，歷明州滁州州學教授，除敕局刪定官，徙國子博士，召試，除秘書郎校書郎兼皇孫平陽郡王教授，未幾，除著作佐郎。光宗初，兼權工部員外郎，改兼嘉王府贊讀，升著作郎。頃之，兼權起居舍人。明年除起居舍人，兼權中書舍人，紹熙二年春，雷雪交作，應詔上書，言女謁漸行，近習典政等事，詞皆剴切，人所難言。後拜中書舍人兼吏部侍郎。後又除權吏部侍郎兼秘書監。卒年無考（《嘉泰會稽志》卷一五）。

按：《南宋館閣續錄》八載：莫叔光淳熙十一年除校書郎，十三年正月除秘書郎。是年上巳日莫仲謙同尤袤等同僚好友集張鎡北園賞海棠。尤、莫二人或即相識於此一時間，時二人立朝臨安。〈宋中興東宮官僚題名〉：「莫叔光淳熙十四年三月以秘書郎兼皇孫平陽郡王府教授。十五年三月除著作佐郎仍兼。十六年三月以著作佐郎兼嘉王府贊讀，五月除著作郎仍兼，紹熙元年三月除起居舍人」紹熙四年十一月，陸游有「莫仲謙挽詞」疑其卒於是年，果是，則與尤袤先後卒耳。又樓鑰有〈祭莫侍郎文〉（《攻媿集》卷八三），唯未詳年月耳。

廿九、陸九淵（1139～1192）

陸九淵，字子靜，撫州金溪人，乾道八年進士，初調隆興府靖安縣主簿，丁母憂服闋改建寧崇安縣。以荐除國子正、敕令所刪定官。未幾除將作監丞，爲給事中王信所駁，詔主管台州崇道觀。還鄉，學者輻湊，自號象山翁，學者稱象山先生。嘗與朱熹會鵝湖論辨所學，多有不合。光宗即位，差知荊門軍。紹熙三年十二月卒，年五十四。諡文安。著有《象山集》、《外集》、《語錄》。門人楊簡、袁燮、舒璘、沈煥能傳其學（《宋史》卷四三四；《象山先生全集》三三〈象山先生行狀〉；袁燮《陸象山年譜》）。

按：陸九淵乾道八年中進士，尤袤爲其考官之一，因呂祖謙之薦，嘉許陸文，遂中選（《象山先生全集》附年譜卷三六）。光宗即位，除陸九淵爲差知荊門軍。陸於是年有書信予尤袤，稱「荊門之除，良出望表，豈惟推轂之賜有以致之耶？」有感謝尤袤推薦之意，信中又盛稱尤袤並致其盼望云：「自我壽皇種椿重華，聖上攬圖丹極而西披北門，高文大冊允屬篆筆山林之人，矯首盛事，欲贊一辭何可得哉，講讀論思，固已深晚，有識之士咸謂未足以究盛蘊，日遲柄用，拔茅連茹，使野無遺賢，爲吾君立太平之基」（《象山集》卷十一與尤延之）。三年陸九淵卒，隔年尤袤因積憂而成疾，亦卒。

三十、陸　游（1125～1210）

陸游，字務觀，越州山陰人，以蔭補登仕郎。秦檜死後，始赴福州寧德簿，後遷大理寺司直兼宗正簿。孝宗即位，遷樞密院編修官，出通判建康，尋易隆興府。久之，通判夔州。范成大帥蜀，游爲參議官，以文字交，不拘禮法，人譏其頹放，因自號放翁。後累遷江西常平提舉，與祠，知嚴州。未幾，召赴行在，除軍器少監。紹熙元年，遷禮部郎中，兼實錄院檢討官。嘉泰三年權同修國史實錄院同修撰，升寶章閣待制致仕。晚年再出，爲韓侂胄撰南園閱古泉記，見譏清議。嘉定三年卒，年八十六。著有《劍南詩稿》、《入蜀記》、《南唐書》、《天彭牡丹譜》、《老學菴筆記》、《家世舊聞》、《渭南文集》、《放翁詞》（《宋史》卷三九五；〈陸放翁年譜〉）。

按：陸游與尤袤初度交會宴游見諸記載者始於淳熙十三年春。尤袤同陸游等諸同僚好友共游西湖，互相酬唱。楊萬里《誠齋集》卷十二有「上巳日，予與沈虞卿、尤延之、莫仲謙招陸務觀、沈子壽小集張氏北園賞海棠，務觀持酒酹花，予走筆賦長句」歐小牧編《陸游年譜》淳熙十三年亦載「二月，祠祿將滿，陳乞再任，起知嚴州，過闕陛辭，上諭曰『嚴陵、山水勝處，職事之暇，可以賦詠自適』時友人名流楊萬里、尤袤、莫仲謙、沈虞卿、沈子壽、周元吉等皆在朝，共爲文酒之會。上巳日賞海棠於張鎡園，有啓致謝各方」。淳熙十六年，尤袤因與孝宗論人才事而得上

讚其才「近世罕有」，上悅，詔爲直學士院，然袤力辭，欲薦陸游代之，然上不許。
有此義氣謙讓之深誼，使陸游於稍後尤袤因忤權貴而去國之際贈以〈遂初堂詩〉，除
讚其功成身就外，亦多所安慰之語，謂其「身踐當年遂初賦」，能夠實現長久以來的
願望，亦爲焉知非福之事矣。光宗即位，二人皆受延攬入朝，尤袤喜好書籍之故，
曾寄資暇集刻本予陸游，游因此有跋文記之。紹熙四年，尤袤積勞而卒，陸游哀摯
友之逝，作〈尤延之尚書哀辭〉悼其永辭人世，稱其「文氣如虹」，推爲諸公之冠。
而陸游於晚年老成之時，亦常夢見尤袤等下世之友人同集唱和之情形；慶元二年，
尤袤已卒三年，然陸游「夜分夢范至能、李知幾、尤延之同集江亭，諸公請予賦詩
記湖之樂，詩成而覺，忘數字而已」，此種篤於親友而夜夢之情，可觀尤、陸二人交
心之深。

三一、陳　造（1133～1203）

陳造，字唐卿，高郵人，淳熙二年進士，官至淮南西路安撫司參議，遭宋不競，
事多齟齬，自以無補於世，遂號江湖長翁，卒於嘉泰三年，年七十一，善爲文，有
《江湖長翁集》四十卷（《江湖長翁集》卷首；《宋元學案補遺》；《宋詩紀事》五四）。

按：陳造詩文居今篤古，一洗南宋纖巧俚俗之病，卓然自立於頹波之外。尤袤
以是極欣賞之，《宋史翼》卷二十九即云：「尚書尤袤、樞密羅點得其騷詞雜著，手
之不置」。此外無可考。

三二、陳傳良（1137～1203）

陳傳良，字君舉，號止齋，溫州瑞安人。少爲文自成一家，後師事鄭伯熊、薛
季宣，傳永嘉之學。乾道八年登進士甲科，累遷起居舍人，時光宗以疾不朝重華宮，
傳良抗疏忠懇，至引帝裾。不聽，挂冠徑行。寧宗即位，召爲中書舍人，兼侍讀，
直學士院。嘉泰初知泉州，進寶謨閣待制致仕。嘉泰三年卒，年六十七。諡文節。
有《詩解詁》、《周禮說》、《春秋後傳》、《左氏章旨》、《歷代兵制》、《永嘉八面鋒》、
《止齋論祖》、《止齋文集》等書（《宋人傳記資料索引》）。

按：陳傳良曾爲尤袤弟子，特未卒業而已。《宋元學案補遺》馮雲濠案語引《止
齋文集》挽尤延之尚書之詞，斷爲「止齋不可謂非遂初門人，特未卒業耳」。止齋挽
詞共四首，於尤袤之行爲理念描寫得很詳細且傳神：「燈下細書批敕字」的情形尤爲
深刻。除挽詞外，紹熙四年，有〈尤袤除禮部尚書兼侍讀制〉一文，詞文皆已載事
蹟繫年，可參閱之。

三三、陳　亮（1143～1194）

陳亮，字同甫，一字同父，號龍川，婺州永康人，益孫。自幼穎異，才氣超邁，

喜談兵，志存經濟。隆興初上中興五論，不報，退益力學著書。其學自孟子後，惟推王通。淳熙中更名同，詣闕上書，極言時事，帝將官之，亮即渡江而歸。紹熙四年，光宗策進士，問禮樂刑政之要，亮以君道師道對，光宗大悅，御筆擢爲第一，授簽書建康府判官。未之官，踰年卒，年五十二。端平初追諡文毅。有《三國紀年》、《歐陽文粹》、《龍川文集》、《龍川詞》等（《宋人傳記資料索引》）。

按：陳亮與尤袤之往來今只得陳亮於淳熙十五年〈與尤延之侍郎〉一文而已，其文讚賞尤袤云：「侍郎又復兼領劇曹，上所委屬，眷意日隆，東西二府，非公莫宜也」，此外又兼論時事摯友之情景，終則交待行蹤。想陳、尤二人交情應深厚。今茲錄其全文如下：

此留臨安二十日，不敢數造台屏，非欲自取疏外，正以極暑，必非樂客之時，不敢不識去就耳。匆匆告違，是夜便宿退居，次早即純江，懷仰道誼，夢寐以之。侍郎又復兼領劇曹，上所委屬，眷意日隆，東西二府，非公莫宜也。鈍滯無庸之人惟當拭目以觀天下太平耳。林黃鍾得郡之明日，朱元晦得祠廟堂行遣，甚愜人意。然元晦日以老矣，世念淡然，時賢不應終置也。幾仲正則聞欲求外，周丈獨當政柄，何以使賢者至此乎？君舉逸然，與蠻貊爲鄰，鬢毛斑斑，知舊滿前，而莫或念之，此固其命也。亮衰落至此，不復與世人較是非，苟可以竊旦暮之安，何氣之足論，但不容其安而亦莫念之，此其苦殆不可言耳，亮冬仲將復有京口之行，道出修門，自當請謁未間，敢冀崇護，寢餗以對，晃疏異常之春，亮不任至禱。

正因二人交情之故，朱熹曾憂陳亮大言咄咄，懼其遭禍，故於袤信中提及之，欲以袤勸之，以避後患。文見《晦庵集》卷三十七。

三四、喻樗（？～1180）

喻樗，字子才，一曰子材，號湍石，又號玉泉，其先南昌人，後徙嚴州，受業于楊時，登建炎三年進士，爲人質直好議論，趙鼎與語奇之，薦授秘書省正字。以不主和議出知舒州懷寧縣，通判衡州致仕。秦檜死，起爲大宗正丞，轉工部員外郎，知蘄州。孝宗即位，用爲提舉浙東常平，以治績聞，淳熙七年卒。樗善識鑒，嘗言沈晦、張九成進士當第一，後果然。有《中庸大學論語解》、《玉泉語錄》（《宋人傳紀資料索引》）。

按：喻樗乃尤袤之師，《宋史》本傳云：「袤少從喻樗、汪應辰游」然從游之年始於何時？今《咸淳毗陵志》尤袤傳云：「從工部玉泉喻樗游」，則以此推之，約於紹興年間喻樗任工部員外郎時求教理學。其理學習自喻樗，而喻樗爲楊時高弟，楊

時又爲程頤之弟，則以此脈絡言之，尤袤亦遠紹程頤理學而續之，尤棟〈重建五先生祠堂記〉載之詳矣，可參閱。

三五、彭仲剛（1143～1194）

彭仲剛，字子復，平陽人。乾道進士，初任婺州金華主薄，清理簿書。衢州水災，奉命往賑，民賴以活。移台州臨海令，均力役，民愛信之。歷國子監丞，知亳州，減郡費，寬商稅，輸租得自概量，擇學師教其子弟，親執經講說。丁父憂，民泣送至境外數十里。紹熙五年服除，知濠州，未行，特令提舉浙東常平，命下而卒，年五十二。有《監丞集》（《宋人傳記資料索引》）。

按：尤袤聞彭仲剛之名於先，而後於淳熙四年台州任內始相見焉，時彭仲剛爲台州臨海縣令。袤官台州時正苦於無人任重建臨海縣治之責，彭仲剛適調此縣令，有意爲之，然以「役大用夥」請援於袤，袤乃自畀錢三十萬使營度之。淳熙六年縣治重建落成，彭仲剛以書告成於袤，並請記。袤既記之，又嘉彭仲剛之經營有成。其事詳載〈臨海縣重建縣治紀〉（《梁谿遺稿》）。嗣後交游無考。仲剛晚尤袤一年卒耳。

三六、彭龜年（1142～1206）

彭龜年，字子壽，號止堂，清江人。乾道五年進士，從朱熹、張栻游，學益進，累官秘書郎，屢請光宗朝重華宮。寧宗時，遷吏部侍郎。朱熹以論事見絀，龜年請與併斥，不報。數論韓侂冑姦，坐落職，以寶謨閣侍制致仕。開禧二年卒，年六十五，諡忠肅。龜年學識正大，議論簡直，善惡是非，辨析甚嚴。有《止堂集》十八卷。

按：彭龜年參政晚於尤袤，故爲後進，由其著作止堂集所予袤之文章皆稱其懷才負術，將待持國。淳熙八年袤因修荒之法施行成功，故除爲江西運判，龜年當時寫信〈賀江西尤漕啓〉給尤袤：稱「博取百家而不雜，獨立一世而能和，發爲文章復還三代之淳古，措諸事業無非六籍之精微」、「志大才高」，於袤多所讚賞。尤袤卒後，龜年書挽詞二首悼之，稱袤爲「典型諸老舊」，識爲傳統大儒，此正爲袤之寫照。今觀龜年個性正大簡直，論辨甚嚴，與袤之行事風味相近，無怪乎龜年稱賞不已，實有以也。龜年所書挽詞已見繫年，今不贅引。茲列〈賀江西尤漕啓〉全文：

> 風擁使華，遠將帝指，方天下以治財爲急，其術已窮，以儒者而經賦，其間此意可見，民得所託，國以不聽，竊惟大江之西偏實爲今日之外府，月樁之輸殆七百萬，大半皆無名之征，中興以來輸五十年，幾倍於昔者之賦，名爲和買而責以折納，既用差法而復劇備錢，茶有稅而又劍其租，酒盡之而或誅其直，至詳經制之目尚持徐陌之籌，此皆公取之可稱猶有旁緣

而莫考顧，張弓安可以不弛，而漏卮每苦其難盈，不有仁人孰識大體，恭惟某官取百家而不雜，獨立一世而能和，發爲文章復還三代之淳古，措諸事業無非六籍之精微，自結睿聖之知，亟升中祕之地，以志大不輕于地取，故才高寧屈于拊循，旋被絲綸出，持英蕩以勞來，還定之政，固江東王氣之神於倥傯不給之中，增廬阜文風之勝，觀其施設之不苟，可知經濟之有餘，尚屈此行，皆以爲枉然，而利有盈則有縮，勞不極則不更，由後視前，取之旣多，自今圖往，安可不亟于是，培國家之相柢，寧不在公，行且作朝廷之羽儀，豈久處此，某氣稟甚下，材技無他，幼矜斧藻之詞以覓官，壯持簿書之智而竊祿，每慚數誤，莫究昨非，久仰指南之車，無異必東之水，偶負丞于支邑，乃受察於隸人，不得即賀而以書，神如馳馬，又復出意而論事，癡若拊髀（《止堂集》卷十四）。

三七、葛　邲

葛邲，字楚輔，其先丹陽人，後徙吳興，隆興元年木待問榜進士，除國子博士。淳熙五年四月除祕書郎，十月爲著作佐郎。六年十一月爲著作郎。七年二月爲右正言，累遷中書舍人、給事中，除刑部尚書。紹熙元年，除參知政事，又除知樞密院事。四年拜左丞相，未期年，除觀文殿大學士，知建康府，改隆興府，請祠。寧宗即位，改判福州，道行感疾，除少保致仕。年六十六卒，謚文定。有文集二百卷，詞集五十卷（《宋史》三八五；《南宋館閣續錄》）。

三八、余端禮（1135～1201）

余端禮，字處恭，衢之龍游人，紹興二十七年進士，知湖州烏程縣，以荐，爲監察御史，遷大理少卿，轉太常少卿，兼太子侍讀，兼權禮部侍郎，除兵部侍郎兼權吏部侍郎及太子詹事，爲賀金國正旦使，進吏部侍郎知太平州。光宗立，授集英殿修撰，知贛州，還爲吏部侍郎權刑部尚書兼侍講，以煥章閣直學士知建康府，召拜吏部尚書、擢同知樞密院事，進樞密院事，兼參知政事，後拜右丞相，遷左丞相。未幾以觀文殿大學士判隆興府，又判潭州。嘉泰元年六月二十八日卒於潭州州治，享年六十七，謚忠肅（《宋史》三九八；《誠齋集》卷一二四）。

按：葛楚輔、余處恭二人因兼任太子侍讀、詹事等職有年，故得與亦時兼其職之尤袤相識。察《宋中興東宮官僚題名》：「葛邲淳熙九年八月以中書舍人兼左庶子，十年二月升兼詹事，十一年四月除給事中仍兼，十三年七月除權刑部尚書仍兼，十六年正月除同知樞密院事」又「余端禮，淳熙九年六月以太常少卿兼侍讀，十年二月除兵部侍郎仍兼，四月升兼詹事，十二年五月除吏部侍郎仍兼，七月知太平州」

而察《宋會要輯稿》尤袤兼太子侍讀等職之時間共五：一為乾道九年六月兼太子侍讀。二為淳熙十年十月兼太子侍講。三為淳熙十二年正月兼太子侍講。四為淳熙十四年正月兼太子侍講。五為淳熙十四年五月兼太子左諭德。故綜觀三人兼太子旁侍之職得知尤袤識葛、余二人當在淳熙十年十月後。而淳熙十二年八月，葛楚輔，余端禮皆為詹事，二人合辭薦楊萬里為太子侍讀於梁克家丞相，初八日命既下，萬里亦為太子侍讀（《誠齋集》卷百十二〈東宮勸讀錄楊長孺後記〉）。稍後，暮秋時節東宮詹事葛楚輔、余處恭召儲禁同僚沈虞卿、尤袤、何自然、羅春伯、楊萬里共泛舟西湖，步登孤山。誠齋有詩紀之（《誠齋集》卷十九）。

三九、楊萬里（1127～1206）

楊萬里，字廷秀，吉水人，芾子。紹興二十四年進士，調零陵丞，時張浚謫居永州，勉以正心誠意之學，萬里服其教終身。改知奉新。孝宗時召為國子監博士，後以寶文閣待制致仕，進寶謨閣學士。寧宗朝，韓侂胄用事，築南園，屬萬里為之記，許以掖垣，萬里曰：「官可棄，記不可作。」及家居，侂胄專僭日甚，萬里憂憤成疾，開禧二年族子言侂胄用兵事，萬里慟哭失聲，呼紙書其罪狀，又書十四言別妻子，擲筆而逝，年八十，贈光祿大夫，諡文節。光宗嘗為書誠齋二字，學者稱誠齋先生。有《誠齋易傳》、《誠齋集》、《詩話》。

按：楊萬里是尤袤生平最要好之朋友兼同僚。其最初相交在乾道七年。《誠齋集》〈益齋藏書目序〉云：「一日除書下，遷大宗丞尤公延之為秘書丞，吾友張欽夫悅是除也，曰真祕書矣。予自是知延之之賢，始願交焉。」據《南宋館閣錄》載，尤袤是在乾道七年五月為祕書丞的，而當時楊萬里則是在宰相陳俊卿、虞允文的推薦下至臨安任國子博士一職，故得以相識。後二人之交由淺入深，萬里頗有敬佩之情，益齋藏書目序：「既同為尚書郎，論文討古，則見延之于書靡不觀，觀書靡不記。至於字畫之叢殘，月日之穿漏，歷歷舉之無竭，聽之無疲也。余于是始解欽夫之云之意……予以是媿延之，亦以是服延之。」後孝宗淳熙五年秋，萬里在常州任，尤袤返鄉常州無錫，嘗往訪萬里，二人秉燭夜語，過從甚密，並於此請序益齋藏書目。序云：「今年予出守毗陵，益延之之州里也。延之持淮南使者之節而歸，一日入郭訪予，予與之秉燭夜語，問其閒居何為？……延之屬予序其書目，余既序之，且將借其書而傳焉。」是年誠齋詩酬唱有〈謝尤延之提舉郎中自山間惠訪長句〉：「淮南使者郎官星，瑞光夜燭荊溪清，平生龐公不入城，令我折卻屐齒迎，交游雲散別如雨，同舍諸郎半為土，二老還將兩鬢霜，三更重對孤燈語，向來南宮綾錦堆，南窗北窗桃李開，先生誦詩舌起雷，一字不似人間來，剡藤染出海花賦，句似梅花花似句，

幾年金鑰祕銀鉤，玉笈不施恐飛去，秋風呼酒荷邊亭，主人自醉客自醒，儂能痛飲渠不飲，飲與不飲俱忘形，鬢今如霜心如水，功名一念扶不起，儂歸螺山渠惠山，來歲相思二千里。」已頗見尤袤平淡隱居的情志。淳熙六年春，誠齋新除廣東提舉，尤袤作詩三首送之，〈送提舉楊大監解組西歸〉，已載之事蹟繫年。淳熙十一年，尤袤時為樞密院檢詳文字兼國史院編修官，而萬里則回朝任尚左郎官，二人再度相會酬唱，誠齋有〈追和尤延之檢詳紫宸殿賀雪〉：「錫山詩老立層霄，黃竹虞歌宴在瑤，有客夢中聞雪作，曲肱篷底信船遙，遙知瑞葉飄香袖，笑向梅花趁早期，未嘆山人負猿鶴，負渠縮項與長腰。」淳熙十二年，二人唱和之作甚密。誠齋詩〈二月望日遞宿南宮和尤延之右司郎署疏竹之韻〉：「此君見我眼猶青，笑我銀髭雪點成，憶昔與君同舍日，聽渠將雨作秋聲，夜來遞宿三更悄，葉底春寒一倍生，夢入故園數新筍，籬邊破蘚幾莖橫」，〈新涼五言呈尤延之〉：「暑極無可增，夏餘亦復幾，幽人暍欲臘，日日望秋至，秋至涼不隨，夏去熱未已，一夕睡美餘，秋從簟波起，新涼來何方，灑若清到髓，夕前輕雨作，雨後微風駛，涼偶與之偕，未必涼因此，向來亦風雨，既止暑更倍，但令暑為涼，老病有生意，何必問所來，亦莫悲徂歲」尤袤受此新涼之作，亦作詩和之，惟今詩不傳。誠齋受此詩又作〈尤延之和予新涼五言末章有早歸山林之句復和謝焉〉：「投分詎云稀，會心諒無幾，從君淡何奇，與我凜獨至，相逢情若忘，每別懷不已，偶因新涼篇，令予懦全起，藉草分芳潤，陟巘共石髓，松陰俯逝波，不徐亦不駛，平生還山約，終食無忘此，可憐各異縣，千里復三倍，他日寄相思，百書那寫意，從今可疏卻，嘆日以為歲」由此往來唱和再現尤袤歸隱思想。又誠齋詩〈九日即事呈尤延之〉：「昨日茱萸未吐香，今朝籬菊頓然黃，浮英泛蕊多多著，舊酒新醅細細嘗，節裡且追千載事，鬢邊管得幾莖霜，正冠落帽都兒態，自笑狂夫老不狂」，時至暮秋，袤官右司郎中，給事葛楚輔、侍郎余處恭二詹事招儲禁同寮沈虞卿祕監諭德、尤延之右司侍講、何自然少監、羅春伯大著二宮教及楊萬里泛舟西湖，步登孤山。尤楊同游，乘興之餘，誠齋有五言詩紀之：「曉雨擣珠屑，吹作空中塵，拂水無落暈，映巒有遮痕，承華兩端尹，嘉招出城闉，一尊澆雲師，借風開晝昏，諸鬢忽脫帽，孤鏡亦捲裀，西湖翳復皎，南山洗如新，舍舟步柳堤，曳杖啄松門，乃是小上林，亦有虎守閽，桂落膩金粟，蓉妝濃繡屏，高堂竹梢上，幽榭荷葉濱，群仙此小憩，呼酒領一欣，秋花隔水笑，笑我墮紗布，更酬不知籌，互嘲還作春，行樂戒多取，況復仄羲輪，歸髮兀頹玉，那知醉與醒」冬則誠齋又有詠雪詩贈袤，〈早朝紫宸殿賀雪呈尤延之二首〉：「雪花將瑞獻君王，晴早銷遲戀建章，不肯獨清須帶月，猶嫌未冷更吹霜（之一）。雪妃月姊宴群仙，珠閣銀樓集玉鸞，老子來看收不徹，梅梢拾得水晶盤（之二）。」則淳熙十二年之間其唱和之

作多達六首，時節則春夏秋冬皆具，可見整年二人之交往篤親之密。淳熙十三年，尤楊二人仍朝廷居官，而在上巳日尤楊二人與沈虞卿、莫仲謙招陸游、沈子壽小集張鎡北園賞海棠，誠齋亦詩紀之：

> 東風吹我入錦幄，海棠點注臙脂薄，
> 不論宜雨更宜晴，莫愁傾國與傾城，
> 半濃半淡晚明滅，欲開未開最奇絕，
> 只消一線日腳紅，頃刻千株開絳雪，
> 偉哉詩人桑苧翁，持杯酹酒澆豔叢，
> 坐看玉頰添醉暈，為渠一醉何須問。

再和

> 大空無壁不可幄，顛風莫動花肌薄，
> 一春纔有一日晴，帝里遊人爭出城，
> 青天如水綠煙滅，晴與海棠成兩絕，
> 座中賓主詩中仙，開口揮毫俱玉雪，
> 清泉白石欠此翁，若為插腳鵷鷺叢，
> 老眼看花花作暈，多慚猿鶴頻相問。

同年楊萬里又題尤袤最嗜之藏書所——〈遂初堂二首〉：

> 漫仕風中絮，歸心水上鷗，
> 把茅新結屋，藜杖舊經邱，
> 花底春勾引，燈前夜校讎，
> 何如添我住，二老更風流。
> 詩瘦如山瘦，人退室更退，
> 荒林癯信宅，古木謝敷家，
> 醫國君臣藥，逃名子母瓜，
> 只愁歸未得，緣卻白鷗沙。

〈題尤延之右司遂初堂〉

三月間，尤、楊二人因同侍東宮太子，得太子（光宗）讚賞，分別賜予御製題詩墨跡（詳見事蹟繫年）。於書法墨跡二人亦頗同好，袤即曾至誠齋家居示己所收藏之墨寶真蹟，誠齋觀賞之餘，即作二跋文記之，〈跋尤延之右司所藏光堯御書歌〉：「光堯太上皇帝御書西漢書列傳，目上有璽文曰帝錄，臣袤得之以示臣萬里，萬里謹拜手稽首作歌，敬書於後：

> 鸞臺長史老野僧，月前病鶴霜後蠅，

文書海裡滾不了，黑花亂發雙眼睛，

故人同舍尤太史，敲門未揖心先喜，

袖中傾下十斛珠，五色光芒射窗几，

自言天風來帝旁，拾得復古殿中雲一張，

向來太上坐朝罷，勝日光風花柳暇，

浣花叢裡冰雪容，宣城雞距針芒鋒，

天顏有喜聊小試，西京書目供遊戲，

韓彭衛霍欣掛名，舒向卿雲感書字，

漢廷多少失意人，九京寸恨不作塵，

一朝翻入聖筆底，昭回之光煥渠起，

小臣濫巾縫掖行，手抄孝經不徹章，

何曾下筆寫史漢，再拜恭覽江透裳，

太史結廬伴鷗鷺，錫山山下荊溪渡，

紅光紫氣燭天衢，箇是深藏寶書處。

又有〈跋尤延之山水兩軸二首〉：

水際蘆青荷葉黃，霜前木落蓼花香，

漁舟去盡天將夕，雪色飛來鷺一行，

水漱瓊沙冰已澌，野鳧半起半猶遲，

千竿修竹一江碧，只欠梅花三兩枝。

淳熙十四年，時袤於正月除中書門下省檢正諸房公事，誠齋即於此時寄詩尤袤戲之，可見友誼之篤。戲詩有二：

一為〈尤延之檢正直廬窗前紅木樨一小株盛開戲呈延之〉：

水沈國裡御風歸，粟玉肌膚不肯肥，

原是金華學仙子，新將柿葉染秋衣，

不應妝束追時好，無乃清癯悔昨非，

為妒尤郎得尤物，故將七字惱芳菲。

一為〈新寒戲簡尤延之檢正〉：

逗曉添衣併數重，隔晡剩熱尚斜紅，

秋生露竹風荷外，寒到雲窗霧閣中，

半點暄涼能幾許，古來豪傑總成空，

木犀香毅張園子，雪嗅金接欠兩翁。

時至上巳日，照例又偕友出游，楊萬里、尤袤、沈虞卿、王順伯、林景思等人共游

西湖，眾人皆和韻，時誠齋書十絕句以呈同社：

> 鵝袍林裡遇芳辰，聞道春來不識春，
> 及至識春春已老，于中更老是詩人。
> 總宜亭子小如拳，著意西湖不見痕，
> 湖上軒窗無不好，何須抵死揀名園。
> 孤山山後北山前，十里長堤隔兩邊，
> 一行垂楊綠無縫，石橋通處過春船。
> 天色鬆鬆未肯收，吾儕自樂不曾悉，
> 隨宜旋旋商量著，晴即閒行雨即休。
> 籃輿休上馬休騎，濕卻青鞋也不辭，
> 揀取兩絲疏處去，攜筇且謁水仙祠。
> 兩催杖履卻須回，捲上疏簾眼頓開，
> 十里湖光平似鏡，柳梢梢外一船來。
> 湖上春游只愛晴，何朝何夕不晴明，
> 絕憐疏雨微雲裡，點綴湖山分外清。
> 憑久欄干可一栖，湖山飛入水中來，
> 多情燕子能相勸，舞破東風去卻面。
> 今年山路少人來，酒肆蕭然綺席埃，
> 政爾坐愁春寂寞，畫船簫鼓忽如雷。
> 岸上湖中各自奇，山餚水酌兩皆宜，
> 只言游舫渾如畫，身在畫中元不知。

夏，尤、楊二人與京仲遠玉壺餞客，誠齋亦詩紀之：

> 南漪亭上據胡床，不負西湖五月涼，
> 十里水風已無價，水風底裡更荷香。

秋九月十日，尤、楊二人同觀淨慈新殿。誠齋詩紀云：

> 昨雨敗重九，謂併敗此行，
> 雲師出小譎，垂曉偷放晴，
> 初秋落君後，我反先出城，
> 佇立已小倦，喜聞馬來聲，
> 南山有新觀，大殿初落成，
> 入門山脊動，仰目天心橫。

又尤、楊二人趁秋賞菊之際亦相待同友京仲遠，然遲遲不見友跡，於是邊游邊待之

情形爲誠齋所紀云：

> 南山十日菊，秋酌有前諾，
>
> 東省三同舍，山行何用約，
>
> 也復相叮嚀，彼此撥忙著，
>
> 侵晨到劉寺，寸步輒倚簿，
>
> 望君久未來，細意揀巖壑，
>
> 上到展繡亭，聊復休倦腳，
>
> 回覽西湖天，向我懷中落，
>
> 山幽人轉孤，境勝情反惡，
>
> 昔賢願獨往，對影誰與樂，
>
> 或者欣群遊，避喧那可卻，
>
> 我隨梁溪叟，觴次饒驪謔，
>
> 坐無山浦翁，談間頓蕭索，
>
> 斜陽更待渠，小向靈芝泊。
>
> ——〈劉寺展繡亭上與尤延之久待京仲遠不至再相待于靈芝寺〉

十月，尤、楊二人分別升官爲太常少卿、秘書少監，二人相互謔戲仍不脫風雅文風，眾人皆讚歎其敏確。（詳見事蹟繫年）。淳熙十五年，楊萬里將所著西歸集、朝天集贈與尤袤，袤作詩答謝云：

> 西歸累歲卻朝天，添得囊中六百篇，
>
> 垂棘連城三倍價，夜光明月十分圓，
>
> 競誇鳳沼詩仙樣，當有雞人賈客傳，
>
> 我似岑參與高適，姓名得入少陵編。

誠齋受袤七言惠詩，復和詩謝之：

> 梁溪歸自鏡湖天，筆捲湖光入大篇，
>
> 傾出錦囊和雨濕，炯如柘彈走盤圓，
>
> 許分句法何曾付，自笑蕪辭敢浪傳，
>
> 兩集不需求序引，祇將妙語冠陳編。

四月因議高宗配享臣僚事，楊萬里補外，知筠州，故尤楊二人結束五年之朝中唱和交往。然而外放的誠齋並沒有因此中止和尤袤之唱和，時常書信往來。淳熙十六年即寄和韻之作予袤：〈和尤延之見戲觸藩之韻以寄之〉

> 儂愛山行君水遊，尊前風味獨宜秋，
>
> 文戈卻日玉無價，寶器羅胸金欲流，

> 劫唾清圓談者詘，詩章精悍古人羞，
>
> 子房莫笑身三尺，會看功成自擇留。

又誠齋知筠州時，常寄當地產茶予袤，袤皆曾有詩謝之，惜今皆不傳，不得見其內容，然仍可見誠齋和其詩之作：〈寄中洲茶與尤延之，延之有詩，再寄黃檗茶，仍和其韻〉

> 詩人可笑信虛名，擊節茶芽意不輕，
>
> 爾許中洲眞後輩，與君顧渚敢連衡，
>
> 山中寄去無多子，天上歸來太瘦生，
>
> 更送玉塵澆錫水，爲搜孔思攪周情。

時袤雖居朝廷，然仍和誠齋通訊，得知道院集出，即寄詩索之，誠齋則專騎送呈，並寫詩謝焉：〈延之寄詩覓道院集，遣騎送呈，和韻謝之〉

> 與君鬢髮總星星，詩句輸君老更成，
>
> 別去多時頻夢見，夜來一雨又秋生，
>
> 故人金石情猶在，贈我瓊琚雪似清，
>
> 誰把尤楊語同日，不教李杜獨齊名。

秋十月，誠齋新除祕書監，銜命郊勞使客，船經過崇德縣、蘇州、無錫，即抵常州，舊地重遊，不禁興懷。有詩寄懷尤袤：

> 蘇州欲見石湖老，到得蘇州發更了，
>
> 錫山欲見尤梁溪，過卻錫山元不知，
>
> 起來靈巖在何許，回首惠山亦無處，
>
> 又生萬事不可期，快然卻向常州去。
>
> ——〈五更過無錫縣寄懷范參政尤侍郎〉

> 已到蘇州未到常，惠山孤秀蔚蒼蒼，
>
> 一峰飛下如奔馬，萬木深圍古道場，
>
> 錫骨中空都是乳，玉泉致遠久偏香，
>
> 眠雲跂石梁溪叟，恨殺風煙隔草堂。
>
> ——〈雪後陪使客游惠山寄懷尤延之〉

往後交往惟得知誠齋作易傳，嘗請教於尤袤，袤亦有所竄改指正，而誠齋亦樂從聽之。答袁樞仲寄示易解書：

> 嘗出屯蒙以降八卦于尤延之矣，延之愛我，不我棄也，皆有所竄定焉，
>
> 某所聽從而改之焉，是以樂爲延之出而忘其瀆也。

尤袤卒後，萬里有詞祭之。《鶴林玉露》卷十八：

> 齊歌楚些，萬象為挫，環偉詭譎，我倡公和，
>
> 放浪諧謔，尚友方朔，巧發捷出，公嘲我酢。

觀二人自初交以致終老，皆相惜相敬，友誼深篤。惟袤文集散佚，無從其作品中看出更詳細之交往情形，只得從《誠齋集》中唱和之作加以推測判斷，實不得已也。總計誠齋與尤袤唱和之作達二十四首，而尤袤與誠齋之作則僅知五首，現存二首。尤楊二人於文學上同列四大家，是以相互欣賞讚歎，稱對方之特長。楊萬里序蕭德藻千巖摘稿云：「余嘗論近世之詩人，若范石湖之清新、尤梁溪之平淡、陸放翁之敷腴、蕭千巖之工致，皆余之所畏者也」尤袤之論據姜夔白石道人詩集自序則言「近世人士，喜宗江西，溫潤有如范致能者乎？痛快有如楊廷秀者乎？高古如蕭東夫，俊逸如陸務觀，是皆自出機軸，豈有可觀者」。誠齋以平淡評尤詩，尤袤以痛快讚楊詩，是皆可由其生平個性及處事了解何以故，是以二人相知之程度可謂深厚矣，是以論出中肯，一語中的。四大家中，若言楊萬里為尤袤最佳摯友，實不過焉。

四十、趙汝愚（1140～1196）

趙汝愚，字子直，居饒之餘干縣。乾道二年擢進士第一，五年除秘書省正字，六年除校書郎，七年除著作佐郎，八年五月知信州，易台州，除江西轉運判官。淳熙七年九月除少監，八年三月除權吏部侍郎，外祠，以集英殿修撰帥福建，進直學士，制置四川兼成都府。光宗立，除知潭州，改太平州，進敷文閣學士，知福州。紹熙二年召為吏部尚書，除知樞密院事。寧宗立，權參知政事，拜右丞相，為韓侂冑所忌，責授寧遠軍節度副使，永州安置，抵衡州，暴薨，時慶元二年正月，年五十七，諡忠定。著有《文集》、《太宗實錄舉要》、《諸臣奏議》（《宋史》卷三九二；《餘干縣志》卷二二；《南宋館閣錄》、《續錄》；《宋蜀文輯存》卷七一劉光祖撰〈宋丞相忠定趙公墓誌銘〉）。

按：趙汝愚之父趙善應，性純孝仁厚，尤袤即曾稱讚云：「古君子也」（《宋史》卷三九二）。而尤袤與汝愚之相識甚早。淳熙二年三月二十一日，汝愚自信州改知台州，十月二月除為江西路轉運判官，而十月三日尤袤即承知台州（陳耆卿《赤城志》卷九），此官職上的承接為尤、趙二人接觸之始。尤袤接任台州後，蕭規曹隨，繼續趙汝愚未竟之修業。《宋史》尤袤本傳云：「前守趙汝愚修郡城工纔什三，屬袤成之，袤按行前築，殊鹵莽，亟命更築，加高厚，數月而畢」。淳熙十三年暮春汝愚進直學士制置四川兼成都府，尤袤有詩：〈送趙子直帥蜀得須字二首〉送之

> 射策當年首漢儒，去登雲路只斯須，

> 飽聞治最誇閩郡，已有先聲到益都，
> 壯略定羌元自許，宗英帥蜀舊來無，
> 前驅叱馭休辭遠，看取東歸上政塗。（之一）
>
> 帝念西南在一隅，簡求才德應時須，
> 羌夷種落誇戚令，秦隴關河聽指呼，
> 自古功名多少壯，及今談笑定規模，
> 玉山舊政人誰記，應掃棠陰看圖畫。（之二）

　　光宗即位，袤先知婺州，後改太平州。而汝愚則先除知潭州，辭，改知太平州。則二人先後亦曾任知太平州。此爲二人再次同知一州。紹熙三年，光宗因疾不朝重華宮，袤與汝愚皆曾上書同請朝，帝終開納，都人大悅（《宋史‧光宗紀》）。四年汝愚除知樞密院事，而袤終因憂國而卒。

四一、樓　鑰（1137～1213）

　　樓鑰，字大防，舊字啓伯，自號攻媿主人，鄞縣人，璩第三子。隆興元年進士，歷知溫州。光宗時擢起居郎，兼中書舍人，繳奏無所迴避。禁中或私請，帝曰：「樓舍人朕亦憚之，不如且已」遷給事中，乞正太祖東嚮之位。朱熹以論事忤韓侂冑，除職與郡，鑰請還講筵，不報。彭龜年攻侂冑，出知外郡，鑰奏留不得，尋告老。侂冑誅，起翰林學士，歷同知樞密院、參知政事。嘉定六年四月卒，年七十七。諡宣獻。鑰通貫經史，文辭精博，善大字。有《范文正年譜》、《攻媿集》一百二十卷（《宋史》；《宋人傳記資料索引》）。

　　按：樓鑰和尤袤之記載僅三：一爲樓鑰所書擢升禮部尙書之判詞，推崇袤爲老成之賢，學極群書，才兼數器。行文已詳載事蹟繫年。二爲尤、樓二人同上疏爲林大中請命。《宋史》尤袤傳：「侍御史林大中以論事左遷，袤率左史樓鑰奏，疏入，不報」又《宋史》林大中傳：「給事中尤袤、中書舍人樓鑰上疏云『大中言官，當與被論者有別』。觀上二則，槪知二人爲長幼輩份之同僚，樓鑰因崇能及性格相符之故，遂和尤袤結識成同好，而鑰善書大字與袤喜法書之嗜好，或亦爲二人相交的原因吧？三則爲袤卒後，樓鑰身爲中書舍人，爲帝頒「正議大夫尤袤轉一官守禮部尙書致仕」及「尤袤贈四官」二外制。文已載繫年，茲不贅述。

四二、蔣重珍

　　蔣重珍，字良貴，學者稱一梅先生，無錫人，嘉定十六年進士第一，簽判奉國軍。紹定，端平間屢召入對，當路憚之。以秘書郎兼崇政殿說書，每草奏，齋心盛

服，有密啓，則手書削稿。尋遷著作佐郎。丞相主出師關洛，重珍力爭不聽，遂自劾。累遷集英殿修撰，知安吉州，三辭不許，復自劾，詔守刑部侍郎致仕。卒諡忠文（《宋史》卷四一一；《宋元學案》八十；《補遺》八十）。

　　按：蔣重珍據《萬柳溪邊舊話》所載爲尤袤所拔擢者，故爲尤袤弟子，和李祥並得尤袤理學之傳。《家譜》本傳云：「公（尤袤）少從喻玉泉游，得楊龜山之學，門人李祥、蔣重珍皆公造就爲大儒，吳人推理學者必曰喻、尤、李、蔣，今郡五賢祠，邑崇正書院並祀云」，又錫金識小錄卷四亦載「宋四先生」條下云：「喻玉泉、尤遂初、李小山、蔣實齋自龜山先生講學吾邑，四先生一脈相傳，稱喻尤蔣李，毘陵漫錄稱錫山四大家」正因此一脈相傳的理學講授，邑人建五賢祠來祭祀楊時、喻樗、尤袤、李祥、蔣重珍五人。並於廟貌破損之際加以重建，尤袤族後尤棟曾撰〈重建五先生祠堂記〉記載修廟原由及五先生成就地位及文獻保存等事（見《無錫金匱縣志》卷三十六），於此可見蔣重珍當爲尤袤得意門生而得與其師並列。此外蔣重珍曾爲其師多年藏書之所題詩云：「小艇溪邊月，來尋萬卷樓，遂初讀書處，鶴去白雲留」（《萬卷樓》）。

四三、羅春伯（1150～1194）

　　羅點，字春伯，登淳熙二年進士第，時年二十六，授定江節度推官，除太學博士。十年二月試館職，拜秘書省正字，六月遷校書郎，兼國史院編修官。十二年二月爲秘書郎，兼皇太子宮小學教授，五月采摭古人行事可爲勸戒者合爲一書名「鑑古錄」，六月除著作郎。十三年正月爲提舉浙西常平茶鹽事。十四年四月兼權平江府。十五年召赴行在，除戶部員外郎，五月兼太子侍講，十月遷起居舍人，避祖諱，改太常少卿。十六年二月光宗即位，遷中書舍人，七月拜吏部侍郎，十二月兼權刑部侍郎。紹熙二年兼侍講。四年十二月拜兵部尚書。寧宗立，拜端明殿學士簽書樞密院事，九月十四日卒，享年四十五，諡文恭。有《奏議》二十三卷、《春秋孟子講義》若干卷（《宋史》三九三；《宋中興東宮官僚題名》；《南宋館閣續錄》；袁燮《絜齋集》卷一二〈羅公行狀〉）。

　　按：尤袤與羅點相識疑在淳熙十二年二月時，袤於正月兼太子侍講，羅點則於二月兼皇太子宮小學教授，二人同於東宮兼職。八月後尤袤、羅點等東宮同僚齊遊西湖，誠齋題稱「羅春伯大著」，時羅點任著作郎。淳熙十六年正月，尤袤因與孝宗論人才而受讚賞，除爲兼中書舍人及直學士院。二月羅點因光宗即位，遷爲中書舍人。尤、羅二人同職中書舍人，惟數月後，袤因忤姜特立而於六月去國歸鄉。紹熙三年十一月，時袤爲給事中，羅點爲兵部尚書，因光宗久不朝，故皆曾上疏請朝，終得請（《宋史·光宗紀》）。隔年，袤卒。

第二節　尤袤著述考

尤袤既博學洽聞，勤於藏書校勘，又兼負南宋四大家之名，富於撰述。然其孫藻雖曾刊行其詩於新安而終焚於兵燹，又其藏書舊帙於卒後三十年亦厄於火苗〔註1〕。是以撰述雖富，然傳者卻如鳳毛麟爪，百存其一耳。南宋四大家中，楊萬里、陸游、范成大三家之集皆有完本，而袤集獨湮沒不存，《四庫提要》歎爲「蓋文章傳亦有幸不幸焉」。雖不幸至此，然尤袤著述尚存數種傳世，其他已佚者就已知數種，徵引其他文獻加以說明，以補救不幸亡佚於一二。又舊題爲尤袤所著者之《全唐詩話》，亦將考辨作者。今計尤袤著述傳世者有：

　　一、《遂初堂書目》一卷
　　二、《文選考異》一卷
　　三、《梁谿遺稿》一卷
　其已佚而知者則有：
　　四、《遂初小稿》六十卷
　　五、《內外制》三十卷
　　六、《梁溪集》五十卷
　　七、《周禮辨義》
　　八、《老子音訓》
　　九、《詩文數篇》
　舊題尤袤所撰而實爲僞作者：
　　十、《全唐詩話》六卷

一、《遂初堂書目》

《遂初堂書目》一卷，爲尤袤藏書之目錄傳於今者。《宋史‧藝文志》卷三載爲：「遂安堂書目二卷，尤袤集」，《直齋書錄解題》卷八則著錄爲「《遂初堂書目》一卷」，名稱卷數皆異，依後世考定，當從陳氏著錄者。又因馬端臨《文獻通考‧經籍考》卷三十四有《遂初堂書目》一卷，下引楊萬里〈益齋藏書目序〉，故後世又以《益齋書目》稱之。

此書目著錄藏書三千餘部，分爲四十四類，依四部分類而稍異；著錄之例惟列

〔註1〕《遂初堂書目》魏了翁跋文：「寶慶初元冬，得罪南遷，過錫山，訪前廣德使君在，則書厄于火者累月矣。」尤袤卒於光宗紹熙四年（1193），至理宗寶慶初年（1225）爲三十二年。

書名，有如帳簿，然記板本一例爲其創舉；葉德輝《書林清話》於〈古今藏書家紀板本〉一文中即言「自鏤板興，於是兼言板本，其例創於宋尤袤《遂初堂書目》」。此目錄《四庫全書》收錄，此外《常州先哲遺書》、《說郛》、《海山仙館叢書》亦皆有收錄，又有民間流傳之舊鈔本，可相互補校。

宋代流傳至今之私家藏書目錄，僅存晁公武《郡齋讀書志》、陳振孫《直齋書錄解題》及尤袤此書目三種而已。《尤目》尚可考見宋代典籍之存佚，且兼載板本之例又開先河，茲因可論者眾，故別立專章以述之。

二、《文選考異》

南朝梁昭明太子蕭統選「事出於沈思，義歸乎翰藻」之文編成我國現存最早之文選總集：《昭明文選》。此鉅著一出，歷代注疏勘刻者，不乏其人。唐顯慶中李善爲之作注，「淹貫該洽，號爲精詳」（尤本〈文選跋〉）。至開元六年呂延祚復集呂延濟、劉良、張銑、呂向、李周翰五人共爲之注，世稱「五臣注」，其注偏重於訓釋字句，且「訓釋旨意多不原用事所出」（尤本〈文選跋〉），故與李善注時有出入。自南宋後，坊間兩本合刻，截長補短，稱《六臣注文選》。此文選注勘刻之大略也。尤袤身當南宋之際，於淳熙六年時至池州任倉使。酷嗜圖書之尤袤於到任後，感於貴池乃蕭統之封邑，邑人奉祀千載，廟有文選閣而無《文選》之雕板。故欲爲此邦缺典盡一心力。遂議鏤《文選》板，然因費廣事龐，力有未逮，乃請助於袁說友，袁說友欣然同意曰：「是固此邦缺文也，願略他費以佐其用」，就在尤袤之俸餘及袁說友之協助下，歷時一載有餘，《文選》雕板始成，「乃以其板寘之學宮，以慰邦人，所以尊事昭明之意」（尤本〈文選跋〉）。而其所用之注，正爲尤袤所盛稱「淹貫該洽，號爲精詳」之李善注。而完成之《文選》即爲今傳《李善注文選》之惟一善本，世稱「尤本文選」，後世多次據以翻刻。清胡克家〈重刻宋淳熙本文選序〉即言「宋代大都盛行五臣，又並善爲六臣，而善注反微矣。淳熙中尤延之在貴池倉使取善注讎校鏤木，厥後單行之本咸從之出」。觀此即知尤本《文選》之地位。

尤袤刊行《文選》曾考其異文，《常州先哲遺書》即收有《文選注考異》一卷。有袁說友跋文云：「《文選》以李善本爲勝，尤公博極群書，今親爲讎校，有補學者」。其書讎校之內容及體例可由盛宣懷〈文選考異跋〉文述之：「《文選》有李善注本，有五臣注本，兩本字句間有不同，延之專據善本、五臣異字別爲《考異》一卷，而不加論定，俟讀者自得之」。其以善本爲主，字爲大體，下注爲五臣本，字爲小體。既以李善本與五臣本相較，則袤時所據必有李善注單行本，而非從六臣本摘出，陸心源《儀顧堂續跋》卷十三影宋抄尤本〈文選考異跋〉即有言「第二十葉有云自齊

謳行至塘上行，五臣與善本倫次不同，是文簡所據必有善注單行本，非從六臣本摘出」再察表所收藏《遂初堂書目》，〈總集類〉有《李善注文選》、《五臣注文選》各一種，則李注本或即表所據以刊行之底本。

尤袤此考異之作，除顯示尤袤校讎功夫之精外，亦為文選版本上之一大貢獻，後人可據之參看文選，且其不置可否之著錄方式亦兼予後世讀者更大之判斷思考空間。

三、《梁谿遺稿》

尤袤身為南宋中興四大家之一，且交友討論廣泛，又富於朝儀禮文、書錄收藏，其詩文創作及記載頗富，然因時移世轉，詩文久佚，無從得窺其全貌。清朝尤侗稱言尤袤之後，感於「先賢手澤，委諸草莽」之痛，因裒輯遺詩，編為《梁谿遺稿》。故此本實為袤作，而由尤侗輯佚而成。

考尤袤詩文作品在當時曾勘刻庋置萬卷樓中〔註2〕，然依魏了翁〈遂初堂書目跋〉文云，其書於宋理宗寶慶初年毀於兵燹，作品亡佚，殘篇散失。方回《瀛奎律髓》錄落梅詩後有言「遂初詩，其孫新安半刺藻嘗刊行而焚於兵，予得其家所抄副本，頗有訛缺云」又《梁谿遺稿》尤侗跋文亦云：「吾祖文簡公有《梁谿集》、《遂初稿》二刻，庋置萬卷樓中，間厄于兵燹，浸尋散失，歷今五百餘年，靡有孑遺」。此皆可明袤集亡佚之情形。至清朝尤侗，因時會大行宋風，南宋四家獨其祖袤無完集，故遍尋載籍，然無甚結果。康熙三十九年得朱彝尊之助，蒐得詩文共七十三首，取名《梁谿遺稿》，旋命梓人鋟版行世。其跋文云：「勝國之末錫山顧先輩有《宋文鑑》之選，遍覓文簡著作，了不可得，僅傳其〈落梅詞〉一首而已，海內藏書家縹緗不乏，何獨靳于吾祖百無一存，咄咄怪事，子孫不肖，未能奉守典章，致先賢手澤委諸草莽，更可痛也，今歲庚辰，秀水朱竹垞檢討偶過西堂，追話及此，自言家有載籍，略見一斑，遂歸搜篋，衍得古今詩四十七首，雜文二十六首，彙成二卷，手鈔示予，予捧持踴躍，如獲異寶，其拜賜我友多矣，隨命梓人授之剞劂」。此康熙三十九年所成之《梁谿遺稿》雕版歷經百餘年後，又將湮滅散亡，幸賴袤二十三世孫尤興詩於道光元年重鐫，始得為今日吾人所見。《遺稿》興詩跋文云：

> 吾祖文簡公著《梁谿集》五十卷，遭兵火失傳，幸竹垞老人家猶存百一，從祖西堂先生網羅得之，欣然授梓，閱百餘年後，人罔知慎守板，又散亡，可慨也，豈公之學行勳業炳耀青史，不藉詩文傳世耶？抑公之名重

〔註2〕《梁谿遺稿》尤侗跋文：「吾祖文簡公有梁谿集，遂初稿二刻庋置萬卷樓中」。萬卷樓即遂初堂，乃尤袤藏書之所。此樓原為尤袤之父尤時亨之「依山亭」，至尤袤改為「遂初堂」，後藏書超過萬卷，故有「萬卷樓」之美稱。詳見《文物天地》1985年第三期，〈尤袤和萬卷樓〉一文。

于南宋，天故欲晦而彌章耶，第後之論宋四家詩者，知公之爲人，末由見
公之全集，並是區區百一之存而仍不復存，子孫之忝厥祖甚矣。余學詩三
十年，今忽忽老矣，先澤就湮，黯然心傷，爰亟重鐫以貽久遠，諗後人勿
再失守墜緒，余之願也。

今所見尤侗所輯之《梁谿遺稿》爲二卷，乃盛宣懷《常州先哲遺書》本，詩爲一卷，
共四十七首，雜文又爲一卷，共二十六首。《四庫提要》所錄爲一卷，兩淮馬裕家藏
本，四庫著錄遺稿之詩僅爲四十三首，較《常州先哲遺書》本少〈米敷文瀟湘圖二
首〉及〈重登斗野亭詩二首〉。雜文則爲二十五首，較《常州先哲遺書》本少〈米敷
文瀟湘跋〉一篇。除了尤侗輯《梁谿遺稿》共七十三首外，厲鶚作《宋詩紀事》載
尤袤詩又增〈淮民謠〉一首、〈寄友人〉殘文二句及〈台州秩滿歸〉殘文二句，而盛
宣懷於《梁谿遺稿補遺》中又增前述所無之〈台州郡圃雜詠〉五首、〈台州四詩〉四
首、〈寄林景思〉一首、〈昭明文選跋〉一首，再察《石倉歷代詩選》卷一八九尤袤
詩有〈送趙成都二首〉，《南宋名賢小集》卷二二三則有〈送趙成都二首〉及〈遊閣
皂山一首〉，皆前所無，其中〈送趙成都二首〉二集皆載，然今察《瀛奎律髓》，其
作題爲趙蕃，則未知誰是？待考。吾人於搜羅之餘亦覓得〈呂氏家塾讀詩記跋文〉
一首、〈送王明清〉一首及〈惠萬里贈西歸、朝天二集七言〉一首共三首〔註3〕，綜
觀遺稿外所得，含〈送趙成都〉共十八首，此十八首累計遺稿之七十三首共爲九十
一首，此數於尤袤作品，蓋爲九牛一毛，雖爲數稀少，然卻如麟鳳一毛，彌足珍貴，
未可以殘篇末卷而輕忽其重要性。正如《四庫提要》所云：

然即今所存諸詩觀之，殘章斷簡尚足與三家抗行，以少見珍，彌增寶
惜，又烏可以殘賸棄歟？

今考前述現存之詩文，其所出處計有陳耆卿《赤城志》、方回《瀛奎律髓》、劉大彬
《茅山志》、沈敕《荊溪外紀》、《咸淳毗陵志》、《無錫新志》、《揚州府志》、李心傳
《建炎以來朝野雜紀》、林表民《赤城集》及《天台別編》、潛說友《臨安志》、桑世
昌《蘭亭考》、朱樨《玉瀾集》、吳人傑《周易古經》、《三朝北盟會編》、《後村詩話》、
《郁氏書畫題跋記》、《昭明文選》、《呂氏家塾讀詩記》、《石倉歷代詩選》、《南宋名
賢小集》等二十一種，散佚之甚可見一斑，無怪乎《四庫提要》云：「散亡已甚，不
可復收拾也」。然此數十種書亦非冷僻鮮有之書，如多加細心閱讀，廣博涉獵，或有

〔註3〕《誠齋集》：〈偶送西歸朝天二集與尤延之蒙惠七言和韻以謝之〉詩中有錄尤袤惠贈
萬里之詩，詩云：「西歸累歲卻朝天，添得囊中六百篇，垂棘連城三倍價，夜光明月
十分圓，競誇鳳沼詩仙樣，當有雞人賣客傳，我似岑參與高適，姓名得入少陵編」。
《梁谿遺稿》未載此詩，可據以補入。

遺珠之憾，尚未收入，亦未可知。尤侗〈梁谿遺稿跋〉文即云：

> 既考詩文所出，如赤城、臨安、茅山志、朝野雜記、《瀛奎律髓》等
> 類，亦非希有之書，但世間讀書者少闖幽索隱，不暇以爲儻有閱覽博物君
> 子漁獵所及，拾遺補闕，惠而教我，庶使延津之劍離而復合，合浦之珠去
> 而復還，此後生小子所禱祠而求也。

此遺文佚詩可觀尤袤之創作風格及思想學術，於此僅存之珍寶，吾人應發其所含深
蘊且妥爲保存，以傳久遠，庶不致文學一大儒爲歲月所磨滅，則吾國文壇之幸也。

四、《遂初小稿》六十卷

五、《內外制》三十卷

《宋史》尤袤本傳所載。《遂初小稿》六十卷蓋爲尤袤詩文創作集，曾爲其孫
所刊行世，然焚於兵火，故不傳於今。《內外制》三十卷則疑爲尤袤所撰朝制儀文。
觀《宋史》尤袤傳言「內禪一時制冊，人服其雅正」又「自南渡來，恤禮散失，事
出倉卒，上下罔措，每有討論，悉付之袤，斟酌損益，便於今而不戾於古」，則知尤
袤嫻於禮制，故終官禮部尚書。其所撰有關禮儀制度所集蓋爲此書。

六、《梁谿集》五十卷

陳振孫《直齋書錄解題》卷十八著錄，其孫藻曾刊於新安，後焚於火，元方回
曾得其副抄本，然今亦不得，惟載數詩於《瀛奎律髓》。莫伯驥《五十萬卷樓藏書目
錄》初編於〈遂初堂書目一卷〉條後附記有《梁谿集》之記載，今錄於下：

> 又按續清言云：延之潛心理蘊，所著梁谿集長短句尤工。……又按梁
> 谿文鈔，錄延之言攻道學之非疏云……前清閩縣陳蘭鄰徵芝帶經堂書目
> 中，載有延之梁溪集五十卷，元刊本，並注云比元大德刊本，與宋時卷數
> 相合，前有曾幾序及杭州聚德堂鋟梓一條，明建安楊榮曾經收藏，陳氏書
> 久已散佚，莫可尋求，眞憾事矣，因錄延之書目，附記之。

據此可知，《梁溪集》五十卷自刻於新安後，元方回曾得其副抄殘本，至明建安楊榮
則收有與宋版卷數相同之元刊本，清陳蘭鄰繼之收藏，陳氏卒後，書則散佚，不知
何屬。亦或滅於天地冀壤，則眞天欲晦之，使集不傳矣。

七、《周禮辨義》

八、《老子音訓》

《無錫金匱縣志》卷三十九〈藝文〉著錄此二書，不記卷數，亦無提要說明，
不知其書究爲何性質？然從尤袤精於禮儀、變古通今之記載著眼，不難了解此書之

撰。至於《老子音訓》，可從尤袤嚮往孫綽遂初高志之理想觀之，則袤著此書似亦可以理解矣。

九、詩文數篇

尤袤詩文尚存於世者已載《梁谿遺稿》一節中，而未見於世但知有此文者亦有數篇，今列述如下。先述詩篇：

（一）、〈和楊萬里新涼五言〉

按《誠齋集》卷一九有〈尤延之和予新涼五言末章有早歸山林之句復和謝焉〉一詩，則知尤袤有此詩致楊萬里。蓋誠齋有〈新涼五言呈尤延之〉，尤袤觀後乃作此詩以酬謝之。此詩蓋爲淳熙十二年之作。

（二）、〈紫宸殿賀雪〉

按《誠齋集》卷十九有〈追和尤延之檢詳紫宸殿賀雪〉一詩，則知有此詩。蓋爲淳熙十一年之作。

（三）、尤延之有詩謝楊萬里寄中洲茶來

（四）、尤延之有詩寄楊萬里覓道院集

（五）、尤延之有見戲觸藩之韻

按《誠齋集》卷二七有〈寄中洲茶與尤延之延之有詩再寄黃檗茶仍和其韻〉及〈延之寄詩覓道院集遣騎送呈和韻謝之〉、〈和尤延之見戲觸藩之韻以寄之〉三詩，故知袤有此三詩。蓋作於淳熙十六年。

（六）、尤延之有署疏竹之韻

按《誠齋集》卷十九有〈二月望日遞宿南宮和尤延之右司郎署疏竹之韻〉，故知袤有此詩，蓋作於淳熙十二年。

（七）、送王明清詩數首

按王明清《揮麈三錄》卷三載「明清晚識遂初尤延之先生……繼而明清丐外，得請以詩送行，後一篇云：遂初陳跡邈淒涼，繫節青箱極薦揚，談笑天儂情易厚，典刑使我意差強，重屏唐畫論中主，古殿遺文話阿章，舊事從今向誰問，尺書時許到淮鄉」。既言「後一篇」，則知詩非惟一首，故尚有他篇遺佚而不傳。

（八）、尤袤有詩和張鎡之韻

按張鎡《南湖集》卷五有〈尤丈京丈和篇沓至四用前韻爲謝〉一詩，則知尤袤、京鏜皆有和詩寄鎡。尤袤此詩蓋作於淳熙十四年。

（九）、〈甲午春前得雪〉佚十二首

按方回《瀛奎律髓》尤袤〈甲午春前得雪〉詩下小注云：「元題宗美有詩交和

往復成十五首，今取其三」則知尚有十二首〈甲午春前得雪〉未載，今則已佚〔註4〕。此作爲淳熙元年時。

（十）、〈次韻渭叟蠟梅〉佚一首

按方回《瀛奎律髓》載尤袤時〈次韻渭叟蠟梅〉下小注云：「二首取一」，故知佚一首。

（十一）、〈七君子帖跋文〉

按馬廷鸞《碧梧玩芳集》卷十五〈跋家藏七君子帖〉有云：「末有題辭則梁溪尤延之先生也」，則知尤袤於畫錄收藏外，亦書題跋以誌之。

（十二）、〈毛玒墓誌銘〉

（十三）、〈毛玒樵隱集序〉

按《直齋書錄解題》〈樵隱集〉十五卷云：「信安毛玒平仲撰，禮部尚書友之子，負才傲世，仕止州倅，與尤遂初厚善，臨終以書別之，囑以志墓。延之既爲銘，又序其集。」，則知尤袤有此二文。今《四庫全書》只錄《樵隱詞》一卷，其他則已佚。尤袤之序、銘遂不得見。

（十四）、〈朱弁墓誌銘〉

按王明清《揮麈三錄》卷三云：「有朱弁，字少張，徽州人，學文頗工，早歲漂泊，游京洛間晁以道爲學官，於朝一見，喜之，歸以從女……主管佑神觀以終，旅殯於臨安，近朱元晦以其族人爲作行狀，而尤先生延之作誌銘，遷葬於西湖之上」，知尤袤有此作。考朱弁爲朱熹之族祖，墓誌銘之作乃朱熹請於尤袤者，《晦庵集》卷三十七〈答尤延之〉云：「叔祖奉使葬事，甚荷憐念此事，初未敢有請……鄙意輒欲次其行事以請於左右，幸而並賜之銘，則宗族子孫皆受不貲之惠矣，叔祖受知於晁景迂，學甚博，詩其一也」。袤此銘成後予朱熹，熹即讚曰「誌銘之作，雄健高古，曲盡事情，雖或節用行狀之詞，而一經點化，精神迥出，正襟伏讀，使人魄動神悚，知君臣之義與生俱生，果非從外得也，竊謂此文實天下名教之指南（《晦庵續集》卷三〈答尤尚書袤〉）。於此吾人稍可知尤袤〈朱弁墓誌銘〉之梗概。

亡佚各書及詩文數篇外，喬衍琯於廣文書局〈遂初堂書目序〉中曾言尤袤之著述云：「其著述頗富，尚有《遂初小稿》六十卷，《內外制》三十卷（《宋史》本傳）

〔註4〕《瀛奎律髓》載三首詩後有按語記苗字韻及腰字韻各六句，爲已佚十二首之可知部份詩句。其記云：「苗字韻猶有云千尺龍鱗蟠檜頂，一番蜩甲長蔬苗。剩對風花吟柳絮，更將冰水瀹筍苗。萬室歡呼忘凍餒，一犁酥潤到根苗。腰字韻猶有云寄語高人來問法，莫辭門外立齊腰。前村酒美無錢換，怪底金龜不繫腰。寒窗莫怪吟聲苦，舉室長懸似細腰」。

《梁谿集》五十卷（《直齋書錄解題》），集久佚，《四庫全書》僅存《梁谿遺稿》一卷。今傳宋人總集中收有《疏寮集》一卷。四庫存目又著錄其《全唐詩話》十卷，提要已辨其爲後人刺取計有功《唐詩紀事》所影撰。其中《疏寮集》一卷，察《四庫全書》著錄之，乃附於高翥信《天巢遺稿》之末，名爲《疏寮小集》，題高似孫撰，提要記云：

> 最後附高似孫疏寮小集一卷，似孫即撰緯略者。文獻通考載疏寮集三
> 卷。此所刻甚少，尚有他選所有而此刻無之者。是集在宋頗著稱，陳振孫
> 書錄解題謂其作文怪澀，詩猶可觀。劉克莊後村詩話謂其詩能參誠齋活句。

則《疏寮集》非惟作者不爲尤袤，其詩集風格亦不符尤袤平淡之風，喬氏所言，未知何據，故此不錄，聊附記於後。

十、《全唐詩話》

《全唐詩話》舊題尤袤所撰。然《四庫提要存目》〈全唐詩話〉十卷條下稱引詩話自序與袤之時代不相及而斷爲賈似道所撰。其言如下：

> 原本題宋尤袤撰，袤有《梁谿遺稿》，已著錄。考袤爲紹興二十一年
> 進士，以光宗時卒，而自序年月乃題咸淳，時代殊不相及。校驗其文皆與
> 計有功《唐詩紀事》相同。紀事之例凡詩爲唐人採入總集者皆云右某取爲
> 某集。此本張籍條下尚未及刪此一句，則其爲後人刺取影撰，更無疑義。
> 考周密《齊東野語》載賈似道所著諸書，此居其一。蓋似道假手廖瑩中，
> 而瑩中又剿竊舊文塗飾塞責，後人惡似道之姦，改題袤名，以便行世，遂
> 致僞書之中又增一僞撰人耳。毛晉不爲考核，刻之津逮祕書中，疏亦甚矣。

今察《全唐詩話》自序云：「余少有詩癖，歲在甲午，奉祠湖曲，日與四方勝游，專意吟事，大概與唐人詩誦之尤習，間又褒話錄之纂記，益朋友之見聞，彙而書之，名曰《全唐詩話》，未幾，驅馳于外，此事便廢，邇來三十有八年矣，今又蒙恩，便養湖曲，因理故廢，復得是編，披覽慨然，恍如疇昔浩歌縱談時也。唐自貞觀以來雖尚有六朝聲病，而氣韻雄深，駸駸古意，開元元和之盛，遂可追配風雅，迨會昌而後，刻露華靡盡矣。往往觀世變者於此有感焉，徒詩云乎哉。咸淳辛未重陽日遂初堂書。」

從《詩話》自序言「咸淳辛未」可知自序當於宋度宗咸淳七年所作（1271）。舊題尤袤撰，然袤卒於宋光宗紹熙四年（1193），是以《全唐詩話》絕非尤袤所撰，《四庫提要》所言「時代殊不相及」確實無誤。然作者是否眞如提要所云爲賈似道？則不無可議，提要以周密《齊東野語》有載賈似道諸書，《全唐詩話》居其一而判定

爲賈似道所撰，而又推假手廖瑩中以成之事，僞中生僞，複雜至極。今歸本溯源，詩話中自序明言「遂初堂書」。遂初堂乃尤袤藏書之所，並非人名，而會於尤袤藏書之所寫序者當爲尤袤之後人方是。孫星衍《平津館鑒藏書籍記》卷二〈全唐詩話〉條下即言「不題撰人名氏，末有跋，題咸淳辛未重陽日遂初堂書，亦不書名氏，近刻本皆題作宋尤袤撰。考袤爲紹興二十一年進士，光宗時卒，此當其後人所撰，不知者誤題作袤耳」。再察《無錫金匱縣志》，〈全唐詩話〉條下云：「尤焴，或作尤袤，誤」。尤焴乃尤袤之孫，吾人今核對焴之生平是否符合詩話自序所云；則可斷定是否眞爲尤焴所撰。案〈全唐詩話序〉云：「歲在甲午，奉祠湖曲」，考南宋後有二甲午，一爲孝宗淳熙元年(1174)，一爲理宗端平元年(1234)。焴生於光宗紹熙元年(1190)。淳熙元年，焴未出生；端平元年，焴年四十五，據《咸淳毘陵志》卷十七載焴於端平初曾知太平州，不赴，以內祠奉朝請。則焴確曾於此年奉祠優游。再依序言「未幾，驅馳于外，此事便廢，邇來三十有八年矣……咸淳辛未」，則理宗端平元年至度宗咸淳七年，首尾恰爲三十八年，而焴享年據《咸淳毘陵志》載爲八十三，卒時正爲咸淳八年，焴或於七年寫完此序後隔年即卒。此時間上，焴之生平與自序所云能符合〔註5〕。又序云：「驅馳於外」與《宋元學案》卷十四載焴「後爲淮西帥，以儒者守邊，威惠兼濟」似相暗合。經以上析論，《全唐詩話》爲尤焴所撰，蓋無疑義。

　　《四庫提要》言周密《齊東野語》有載賈似道諸書，《全唐詩話》居其一。今觀《齊東野語》二十卷，遍尋不著提要所云之處，故提要推測假手廖瑩中之事更無實據，加以尤焴生平和自序所言相符，提要所言作者之說不足採信。至於《全唐詩話》刺取影撰之事，今察計有功《唐詩紀事》、《四庫提要》稱其「留心風雅，採撫繁富，於唐一代詩人或錄名篇，或紀本事，兼詳其世系爵里，凡一千一百五十家，唐人詩集不傳於世者多賴是書以存，其某篇爲某集所取者如極玄集、主客圖之類亦一一詳註」其例爲「凡詩爲唐人採入總集者皆云右某取爲某集」(《四庫存目‧全唐詩話提要》)。今舉提要所云張籍條觀之，《全唐詩話》確有「右張爲取作主客圖」一句，與《唐詩紀事》張籍條下「右張爲取爲主客圖」相同，且比較《全唐詩話》及《唐詩紀事》結果，《全唐詩話》確與《唐詩紀事》所述相同而略簡，則刺取影撰之

〔註5〕《無錫文獻叢刊》第五輯《錫金考乘》卷十二〈藝文考‧著述〉，有周有壬對《全唐詩話》作者之考證，亦舉尤焴能符合詩話自序所言，而斷爲尤焴作。茲錄其文：「《全唐詩話》，尤焴撰，舊志作尤袤，嘉慶志作焴。案〈全唐詩話序〉云：歲在甲午，奉祠湖曲，專意吟事，大概於唐人詩誦之又習，間又裒話錄之，纂記益朋友之見，彙而書之，名曰《全唐詩話》。余考宋南渡後，有兩甲午，一爲考宗淳熙元年，一爲理宗端平元年。宋史袤在孝宗朝並未奉祠，焴於端平初曾知太平州，未赴，以內祠奉朝請，載咸淳毘陵志。是《全唐詩話》撰人當從嘉慶志。」

事確屬實情。然吾人今從《全唐詩話》自序觀之，即可知何以有刺取影撰之事。自序云：「裒話錄之纂記，益朋友之見聞」，蓋尤焴只是因吟誦之餘興而擇重要之數家來增益見聞，故就《唐詩紀事》擇要取精而成三百一十八家之《全唐詩話》。

　　《全唐詩話》著錄三百一十八家，然卷數古今不一，有三卷者，有六卷者，有十卷者。孫星衍《平津館鑒藏書籍記》所錄為三卷，分上中下、其言「近刻或作十卷，或作六卷。此尚是舊帙，黑口板，每葉廿行，行十八字」。《四庫提要》存目所錄為十卷本，內府藏本。而毛晉津逮祕書所收則為六卷本。蓋分卷有所不同，而所收家數則齊一。

　　綜觀所論，《全唐詩話》本不著撰者，而只存序，後人見序稱「遂初堂」遂誤題為尤袤，直至《四庫提要》以「咸淳」年號駁之後始推翻舊說，然其辨作者仍未得其實，今以方志所載及全唐詩話自序考證，始得撰人為尤袤之後尤焴，而其輯錄卻為刺取《唐詩紀事》者，《四庫提要》則辨之甚詳。此一總集輯錄之書終還其真實面目矣。

第四章 《遂初堂書目》之體制及傳本

第一節 成書及藏書流傳情形

尤袤一生酷嗜圖書字畫，喜好抄書、藏書，其摯友楊萬里即敘述了此情形：

> 既同爲尚書郎，論文討古則見延之於書靡不觀，觀書靡不記，至於字
> 畫之叢殘，日月之穿漏，歷歷舉之無竭，聽之無疲也。（《誠齋集》卷七十
> 八〈益齋藏書目序〉）

而尤袤把他苦心積慮，辛勤經營之藏書置於家鄉無錫惠山東麓的藏書樓，名爲遂初堂，因藏書之富，故又有萬卷樓之美稱〔註 1〕。尤袤傳於今之《遂初堂書目》即爲萬卷樓之藏書目錄。在討論此書目之內容體制前，我們先看看尤袤喜好藏書之背景及何以能藏如此多之書籍？成書情形又如何？

一、藏書之背景

尤袤喜愛藏書之背景，其一爲宋代私家藏書風氣的興盛。宋承五代戰亂之後，圖籍遭厄，公家藏書零落，私家藏書繼起，私家藏書並得力於雕板流行之便，得書較易，故從士大夫到平民皆喜藏書，並競以收藏之富善相夸尙。清葉昌熾《藏書紀

〔註 1〕見《文物天地》1985 年第三期〈尤袤和萬卷樓〉一文，其云：「尤袤常年在外做官，
在無錫卻仍有一個專門的讀書藏書處──萬卷樓。此樓原是尤袤父親的「依山亭」，
到尤袤時改爲「遂初堂」。……將蒐集到的各種書籍藏于遂初堂內，……日積月累，
藏書竟然超過萬卷，故遂初堂有萬卷樓的美稱。」

事詩》所載宋代藏書家達一百二十人。潘美月師《宋代藏書家考》一書中所載宋代藏書家達一百二十六人，著有書目者三十三人〔註2〕。據此可知宋代私家藏書之盛，身置南宋之尤袤當然受到此文化氣息之薰陶。其二則為尤袤家鄉藏書之風。宋代印書之地以蜀、贛、越、閩為盛，而藏書者亦因之而眾，然北宋藏書家多在四川、江西，南宋藏書家則以浙江、福建為夥。尤袤家居三吳之常州，藏書之風源遠流長。蓋南朝梁武帝為常州人，其長子昭明太子蕭統，喜好文藝，時稱東宮藏書三萬卷，而梁元帝蕭繹亦搜羅圖書達七萬餘卷。此前哲先帝之遺風善導及刊印書籍大宗地區之便，深深影響著尤袤，加上尤氏家族在尤袤之前即已建立之書院〔註3〕，皆足以說明尤袤藏書之環境為何了。

二、藏書之來源

在上述的背景下尤袤喜藏書之習已可了解，然究有何因使尤袤得以收藏如此多之藏書及珍本？今析論如下：

（一）、日積月累之抄書

兩宋時期，雕版印刷雖已普遍，然繕寫之風歷時不衰，蓋因手繕為精讀之一途，又典籍至多，非為每本盡付雕梓，如不抄錄無法增益所藏，故當時藏書家多有手自抄繕之情形，如北宋王欽臣每得一書，必校完後抄寫一本，號為「鎮庫書」。陳振孫亦嘗抄錄夾漈鄭氏、方氏、林氏、吳氏舊書達五萬餘卷〔註4〕。而尤袤抄錄圖書之情形，楊萬里有序文載之：

> 蓋延之每退則閉戶謝客，日計手抄若干古書。其子弟亦抄書，不惟延之手抄而已也。其諸女亦抄書，不惟子弟抄書而已也（《誠齋集》卷七十八〈益齋藏書目序〉）。

〔註2〕見《宋代藏書家考》，學海出版社，民國六十九年。此三十三家為江正、王溥、畢士安、宋綬、李淑、劉沆、王洙、歐陽修、沈立、吳秘、王欽臣、田鎬、吳良嗣、蔡致君、濡須秦氏、呂大防、李定、宗綽、劉恕或劉義仲、陳貽範、錢勰、吳與、董逌、東平朱氏、晁公武、莆田李氏、尤袤、蔡瑞、鄭寅、陳振孫、許棐、王柏、周密。其後皆著明書目名稱、存佚、記載來源等項目。

〔註3〕見黃燕生撰〈宋代藏書家尤袤〉一文，其云：「尤氏藏書始于何時已無從考索，但據〈尤氏古跡考〉所輯錄的地方志材料可以了解到，遂初書院在尤袤以前就建立了，不過，悉心搜集至以藏書富名天下，還是在尤袤時期。」

〔註4〕宋藏書家抄書典藏之情形可參閱潘美月〈宋代私家藏書之特色〉一文，文載《書府》第三期。

〈家譜〉本傳亦云：

> 公平居無事，日取古人書錄之，家人女稚莫不識字，共錄三千餘部，建萬卷藏書樓。尤袤因得弟子、兒女及家人之助，抄書之量自然大增，得以收藏眾多圖書，較諸眾藏書家獨力苦抄，確有略勝一籌之勢，無怪乎陳振孫讚曰「藏書為近世冠。」

（二）、職兼修史之便利

尤袤較當時藏書家更易得書之處乃其為官時多次兼任國史院編修及侍讀侍講之職（已詳〈交友考〉）。由此之故，尤袤得輕易借閱三館之圖書，以供抄繕。《遂初堂書目》中珍本、善本、史書較多即種因於此。

（三）、苦心經營之刊刻

尤袤除抄書為最基本之藏書來源外，亦自行刊刻，就今可知者為《文選李善注》、《隸續》、《申鑒》等書（詳〈尤袤之學術成就〉一章）。然刊刻究不似抄書之易，曠時費事，著實不易，幸賴家財頗厚，友朋援贊及自我決心之堅定，得成其事。

（四）、親朋好友之餽贈

尤袤長年於宮中居官，常與朝中大臣往來，探討學問，時有好友贈予文集圖書。如摯友楊萬里將所著《西歸集》、《朝天集》贈予他，尤袤即喜作詩答謝云：

> 西歸累歲卻朝天，添得囊中六百篇；
> 垂棘連城三倍價，夜光明月十分圓。
> 競誇鳳沼詩仙樣，當有雞人賈客傳；
> 我似岑參與高適，姓名得入少陵編。

尤袤亦主動求書，以達其「于書靡不觀，觀書靡不記」之境界。如其曾寄詩予楊萬里求《道院集》，萬里遣騎送之。

尤袤藏書來源除以上四點外，其尤氏家傳之書院早已有的基本藏書亦為重要來源之一。

三、《遂初堂書目》及《益齋書目》之關係

《遂初堂書目》於《宋史·藝文志》卷三著錄為「遂安堂書目二卷，尤袤集」，「安」字蓋為「初」字之誤。今按《直齋書錄解題》、《文獻通考·經籍考》皆作「初」字可知。然而馬端臨於著錄《遂初堂書目》時，下引楊萬里〈益齋藏書目序〉。後世遂以《遂初堂書目》又名《益齋書目》。然今觀〈益齋書目序〉言，知序作於淳熙五

年，時袤五十二歲，如果二書目眞爲實同名異，則《遂初堂書目》當成於淳熙五年。但今傳之《遂初堂書目》中有著錄《放翁集》及《楊誠齋詩》，此二集皆於袤卒後才編成〔註5〕，故以此觀之，《遂初堂書目》非成於淳熙五年，而似應編成於袤卒後。如眞編成於袤卒後，則《益齋書目》即非《遂初堂書目》之別名了。清、王史直即言《益齋書目》有別於《遂初堂書目》：

> 吾邑尤延之先生有《遂初堂書目》傳世，余閱其目之所載猶存乎見少，疑非其全目也，今觀此文乃知更有益齋之藏，世知有遂初堂而不知有益齋，則先生藏書之所原非止遂初堂也，從益齋而推之，或更有所藏之處，亦未可知，宜當時推爲藏書之冠（《錫金志外》卷二〈益齋書目序跋〉）。

據此，則二書目是否爲一？如爲一、那情形究竟如何？王史直之說又如何解釋？今試論之：

《遂初堂書目》乃尤袤家藏書目，此無可疑。而「遂初堂」之名何時爲袤所取用，乃重要關鍵。按尤袤將原爲父親命名之「依山亭」改稱「遂初堂」最遲當不晚於淳熙十三年，因楊萬里於淳熙十三年有「遂初堂詩二首」。尤袤於淳熙五年時可能尚未以「遂初」爲號，故以「益齋」名其所編書目，而後於淳熙十三年號「遂初」後，方改書目之名爲「遂初堂」。而後可能陸續有所增補，至尤袤卒後，其後人踵承之，故《放翁集》，《誠齋詩》之類方得入書目之中。然瞿鏞《鐵琴銅劍樓藏書目錄》卷十二則言爲出尤氏後人所輯，且爲燼餘之目。文云：

> 其好書如此，故所藏甚富，後遭鬱攸之厄，此本殆燼餘之目矣。且《放翁集》亦錄入，是出尤氏後人所輯，非原書也。

瞿氏之言，稍有差失。尤袤編有書目乃是事實，並非藏書積至後人方編成書目。喬衍琯〈遂初堂書目序〉及《宋代書目考》皆辨之甚詳，其言：

> 按陸游卒於嘉定二年（1209）在尤袤卒後十六年，而且《放翁集》編成更晚，不是尤袤所能見到的。《尤目》中又有楊《誠齋詩》，楊萬里卒於開禧二年（1206）詩集也編成於嘉定間。我想這未必都能成爲尤氏後人所輯的證據，而可能是後人增入的，在書目中常有這類的例子。如果是燼餘之目，不可能有這麼多，而且毛魏諸家序跋也未提到。又如〈雜史類〉有《遂初先生手校戰國策》，也不像尤氏自己編入，而出於後人附益的（《宋

〔註5〕《放翁集》及《楊誠齋集》成書時間，可參見《四庫全書總目》卷一六○，確實皆於尤袤卒後方編集成書。

代書目考》第四章）。

其論理切實。而王史直二書目不同之說乃屬臆測，毫無佐證，如果眞有益齋及遂初堂二書目，則何以《宋史・藝文志》、《直齋書錄解題》及《遂初堂書目》各序跋無著錄或稱說之詞？而恰巧楊萬里又只有〈益齋藏書目序〉，而無〈遂初堂藏書目序〉，可見有益齋就無遂初堂，有遂初堂就無益齋，二書目實同一本。故馬端臨方置誠齋序略於〈遂初堂書目〉條下，實有以也。

四、《遂初堂書目》之成書

尤袤於淳熙五年初編成書目時，楊萬里曾敘其情形：

> 延之持淮南使者之節而歸，一日入郭訪予，予與之秉燭夜語，問其閒居何爲，則曰：吾所抄書今若干卷，將彙而目之，飢讀之以當肉，寒讀之以當裘，孤寂而讀之以當朋友，幽憂而讀之當金石琴瑟也。……脫腕於傳寫、焦脣於誦敎（〈益齋藏書目序〉）。

尤袤所抄藏之書乃合眾人所抄及歷來袤之收藏，故搜集完備，數量頗富。毛扞曾述之曰：

> 晉陵尤延之，始自青衿，迄夫白首，嗜好既篤，網羅斯備，日增月益，畫誦夕思，重之不以借人，新若未嘗觸手，耳目所及，有虞監之親鈔，子孫不忘，多杜侯之手校，表層樓而儷富，託名山而共久，不已盛乎，若其剖析條流，整齊綱紀，則有目錄一卷，甲乙丙丁之別，可以類知，一十百千之凡，從于數舉（〈遂初堂書目序〉）。

此批尤袤精心收藏校閱之圖書，由於鮮少出借於人，新若未觸，其實際數量究竟有多少就較難確知了。今《遂初堂書目》著錄共三千一百餘部，《咸淳毘陵志》、《無錫金匱縣志》、《開化鄉志》等地方志皆言袤藏書三萬卷。然試比較同時藏書家，可知此卷數恐未確實。晁公武藏書一四六八部，有二萬四千五百卷，陳振孫藏書三〇九六部，有五萬一千一百八十卷，以此推之，尤袤藏書三千一百餘部，略勝於陳氏，則其卷數當亦在五萬卷以上，各籍所載所以誤謬之因實導源於尤袤藏書秘不示人之習。陳振孫《直齋書錄解題》稱「遂初堂藏書爲近世冠」，陸游〈遂初堂詩〉稱「異書名刻堆滿屋，欠伸欲起遭書圍」皆證尤袤藏書數量之盛，然以其如此數量之藏書卻不爲當世或後世所知所重，如周密在《齊東野語》中敘述歷代藏書家時，即無視尤袤藏書而言「近年惟直齋陳氏書最多」。又尤袤藏書較晁氏、陳氏爲多，然得不到後世之重視，而有漸失其名之勢。究其原因，實不外三端：首爲前述書不出借之保

守習性。二爲其藏書於理宗寶慶元年毀於火厄。三爲書目體例不便後人利用。《尤目》不受重視，尤袤本身成書時之體例決定及其藏書習性應爲最主要原因。藏書毀於火，實乃他因，「庸或可以歸過他人，然其疏略之失，則仍不能免譏焉」〔註6〕。

五、遂初堂藏書之流傳

藏書之毀於火者，歷代時有所聞，圖書之不易久傳，於此可見。魏了翁即於此有所述說：

> 因惟國朝以來，藏書之盛，鮮有久而弗厄者，孫長孺自唐僖宗爲傍書樓二字，國朝之藏書者莫先焉，三百季間再燼于火，江元叔合江南吳越之藏凡數萬卷，爲臧僕竊去，市人裂之以藉物，其入于安陸張氏者，傳之未幾，一簏之富，僅供一炊，王文康、李文正、盧山劉壯輿、南陽井氏皆以藏書名，凡未久而失之，宋宣獻兼有畢文簡、楊文莊二家之書，不減中秘，而元符中蕩爲煙埃，晁文元累世所藏，自中原無事時，已有火厄，至政和甲午之災，尺素不存，斯理也殆不可曉（〈遂初堂書目跋〉）。

尤袤遂初堂藏書於尤袤卒後三十年亦毀於祝融，而供置藏書之萬卷樓亦隨之俱滅。魏了翁述其事云：

> 寶慶初元冬，得罪南遷，過錫山，訪前廣德使君，則書厄於火者累月矣，爲之徬徨不忍去（同前）。

尤袤辛勤收藏之圖書不幸毀於大火，然同時期之尤氏族人卻有另一批圖書保存完整，且其數量與袤藏相當。葉昌熾引《無錫縣志》所載云：

> 李晦初名燧卿，字顯翁，幼嘗爲外家尤後，尤鈔書之富與文簡埒，文簡書燼於火，而此尤獨全，故晦得遍讀，自經史子集，下至稗官小說，釋典道教，無不畢覽（《藏書紀事詩》卷一）。

惜此批藏書仍無傳，且無歷代藏家記述，故無得知悉其下落。經過寶慶初年大火後，一直無人重修此藏書樓，至明代尤袤第十四世孫尤質方加以重建，復其舊觀，並請明朝大家歸有光爲文記之，以示古雅。記云：

> 宋尤文簡公嘗愛孫興公〈遂初賦〉，而以遂初名其堂，崇陵書扁賜之，在今無錫九龍山之下。公十四世孫質，字叔野，求其遺址而莫知所在，自以其意規度於山之陽，爲新堂仍以遂初爲扁，以書來求余記之。……公歿

〔註 6〕許世瑛《中國目錄學史》於遂初堂書目體制之評判。

至今四百年，而叔野能修復其舊，遺構宛然，無錫南方士大夫入都孔道，
　過之者登其堂猶或能想見公之儀刑（《震川先生集》卷十五）。
此仿宋建築之遂初堂即成爲現今留存之遂初堂之雛型，今堂在明代遺址上再加修葺，
使吾人今日所見更加完整。其堂宇有三進，頭楹爲樓，二楹爲堂，供遊人休憩飲茶，
中間有「遂初泉」終年不枯，提供飲水最佳源頭。三楹爲灶間，今遺址中有尤氏後人
尤桐之銘記，記泉之事由，而不及藏書之事。遂初堂前覽風光，後屏惠峰，幽靜恬雅，
雖爲善藏讀之佳境，然撫今憶昔，藏書的焚毀，怎不叫人興起「白雲千載空悠悠，此
地空餘黃鶴樓」之感歎呢？雖然如此，吾人於漫步萬卷樓，憑弔尤袤的同時，其飢寒
以書當肉裘之精神，卻仍然令萬世學者動容。清人葉昌熾即賦詩稱道云：

　　饑當肉兮寒當裘，足消孤寂遣幽憂；
　　此尤無羔公書爐，萬柳溪邊悵舊游（《藏書紀事詩》卷一）。

又清末藏書家章鈺（字式之）即以尤袤此精神爲座右銘，並爲其書齋命名「四當齋」，
以求效袤。念此，則尤袤藏書焚毀之痛亦可聊慰一二了。

第二節　體　制

　　《遂初堂書目》於《宋史・藝文志》著錄爲「遂安堂書目二卷，尤袤集」，然宋
陳振孫《直齋書錄解題》及元馬端臨《文獻通考・經籍考》、明陶宗儀《說郛》、清
《四庫全書總目》均著錄「《遂初堂書目》一卷」，則《宋史》之「安」字蓋爲「初」
字之誤，而《宋志》作二卷亦係卷數分合不同，非諸家著錄有闕佚，故今仍以一卷
稱之。

　　書目卷首有毛扞平仲序，卷尾有魏了翁、李燾、陸友仁三跋，俱不載年月日。
然李燾之跋，《四庫全書總目》無之，且觀李燾跋文內容雷同楊萬里〈益齋藏書目序〉；
今按《遂初堂書目》以明鈔《說郛》本最早，李燾之跋首見其本，故疑《說郛》傳
錄之誤；昌彼得《說郛考・書目考》即辨之甚詳：

　　　　此本首有毛扞序，末有魏了翁、李燾、陸友仁三跋，海山仙館以下諸
　　本亦同。

　　　　按李燾跋，《通考》引作誠齋序略，楊萬里《誠齋集》亦載之，而此
　　作李太史燾，疑傳錄之訛。

《遂初堂書目》之藏書部數，因傳本間之分合不定，著錄有異，故各家所載亦不一，
喬衍琯《宋代書目考》載三一七二部，黃燕生〈宋代藏書家尤袤〉一文載三一三三

部，申暢《中國目錄學家傳略》載二八五五部，而筆者本身計算各本所得又有新數，《說郛》本爲三一六○部、《海山仙館》本爲三一五三部、《四庫全書》內府藏本爲三一二五部。蓋其爲數應在三千一百餘部，其間分合著錄之詳情，待後「傳本」一節述之，今爲便於體制之解說，一以《說郛》本爲準，而體制之解說又因所述較多，茲分「分類」、「著錄」、「板本」三項說明之。

一、分　類

　　《遂初堂書目》共分成四十四類，其分類雖無經史子集之名，然實依四部分類爲順序，經分九門，史分十八門、子分十二門、集分五門。今詳列其分類，且以部數附其下：

經　部

　　經總類　十八部

　　周易類　八一部

　　尚書類　一八部

　　詩　類　二一部

　　禮　類　五九部

　　樂　類　二八部

　　春秋類　五一部

　　論語類　三四部（孝經、孟子附）

　　小學類　四六部

（共計三五六部）

史　部

　　正史類　二八部

　　編年類　三七部

　　雜史類　七六部

　　故事類　一五部

　　雜傳類　四七部

　　僞史類　二五部（夷狄附各國史後）

　　國史類　八六部

　　本朝雜史　七五部

　　本朝故事　五八部

本朝雜傳　六五部

實錄類　二二部

職官類　七四部

儀注類　四五部

刑法類　三一部

姓氏類　三三部

史學類　四九部

目錄類　二九部

地理類　一八五部

（共計九八〇部）

子　部

儒家類　一〇六部

雜家類　四七部

道家類　一一四部

釋家類　六一部

農家類　二一部

兵書類　三八部

數術家類　九五部（一天文、二曆議、三五行、四陰陽、五卜筮、六形勢）

小說類　二〇〇部

雜藝類　五二部

譜錄類　六四部

類書類　七〇部

醫書類　五四部

（共計九二二部）

集　部

別集類　六四三部

章奏類　一〇〇部

總集類　一一六部

文史類　二九部

樂曲類　一四部

（共計九〇二部）

此分類法雖遵四部,然類目與往前之四部分類大相逕庭,許世瑛即曾以之和《隋書‧經籍志》、《郡齋讀書志》相校。其異同今概述於下:

首先比較《隋志》和《遂初堂書目》,其異同有下列四點:

(一)經　部

《隋志》分十類,《尤目》僅有九類。其間異同為《隋志》有〈緯讖〉、〈孝經〉二類,《尤目》無〈緯讖〉而附〈孝經〉於〈論語類〉中。然《尤目》又增《隋志》所無之〈經總類〉,故《尤目》總數少《隋志》一類。

(二)史　部

《隋志》分十三類,《尤目》則為十八類,多〈國史〉、〈本朝雜史〉、〈本朝故事〉、〈本朝雜傳〉、〈史學〉五類。蓋尤袤將宋朝之〈國史〉、〈雜史〉、〈故事〉、〈雜傳〉獨立為類,而又將有關史籍之評論、注釋等書獨立為類名曰〈史學類〉,故多《隋志》五類。然《尤目》又有改易《隋志》之類名者,易〈古史〉為〈編年〉、〈霸史〉為〈偽史〉、〈起居注〉為〈實錄〉、〈舊事〉為〈故事〉、〈譜系〉為〈姓氏〉、〈簿錄〉為〈目錄〉。

(三)子　部

《隋志》分十四類,《尤目》僅為十二類,蓋《尤目》併《隋志》之〈法〉、〈名〉、〈墨〉、〈縱橫〉四家於〈雜家類〉,又併《隋志》之〈天文〉、〈歷數〉、〈五行〉為一類,名為〈數術家類〉,故《尤目》較《隋志》少六類,然另有〈釋家〉、〈雜藝〉、〈譜錄〉、〈類書〉四類為《隋志》所無,故加減之後《尤目》僅較《隋志》少二類耳。此部亦有類名之更易,《尤目》將《隋志》〈兵家〉易為〈兵書〉、〈醫方〉易為〈醫書〉。

(四)集　部

《隋志》分〈楚辭〉、〈別集〉、〈總集〉三類,《尤目》則刪〈楚辭類〉而併之於〈總集類〉中,另增〈章奏〉、〈文史〉、〈樂曲〉三類,而為五類。

再以《尤目》與《郡齋讀書志》相較,其異同為:

(一)經　部

《晁志》分十類,《尤目》無〈孝經〉、〈經解〉二類,而多〈經總類〉,故《尤目》少晁志一類。

(二)史　部

《晁志》分十三類,《尤目》較之多〈故事〉、〈國史〉、〈本朝雜史〉、〈本朝故

事〉、〈本朝雜傳〉五類。另《尤目》更易〈雜傳〉為〈傳記〉、〈譜牒〉為〈姓氏〉、〈史評〉為〈史學〉等類目名。

（三）子　部

《晁志》分十七類，《尤目》較之少五類：《尤目》併〈法〉、〈名〉、〈墨〉、〈縱橫〉四家於〈雜家〉，併〈天文歷算〉、〈五行〉兩家於〈數術家〉類，合〈道家〉、〈神仙〉於一〈道家〉中，而增《晁志》所無之〈譜錄類〉，故總較之僅少五類。另易〈雜藝術〉為〈雜藝〉。

（四）集　部

差異同《隋志》所述。

經過以上比較後，吾人可論述其分類上重要之處：

（一）經　部

增列前此所無之〈經總〉一類，以收經書合刻之籍，適應時代所變。按姚名達《中國目錄學史》，四部分類源流一覽表，《遂初堂書目》欄之〈經總類〉並不與各目〈經解類〉同行，獨置於首行，注云：「合刻九經、善本各經」。然喬衍琯於〈遂初堂書目序〉則以為〈經總類〉實為〈經解總義〉之倫，其言：

> 案其中單刻各經似是白文或正注，又內有六經圖，實即經解總義之倫也。

依此同倫之義，吾人考《尤目》與各書目〈經解總義類〉之位置，即可知《尤目》分類之精：《隋書・經籍志》以〈五經總義類〉附於〈論語類〉。蓋以當時總解群經之書少，故姑附。《古今書錄》、兩唐志別立〈經解類〉，至於《四庫全書總目》之〈五經總義類〉，皆置於諸經之後，而《尤目》獨置於經部之首，雖各書目皆有類似之類別，然位置之排列卻關涉概念問題，《尤目》將之置首，與西方分類法總論在前之旨相符。於此可見尤表先覺之識。

（二）史　部

首次為當代史書創置類目，將本朝之〈國史〉、〈雜史〉、〈故事〉、〈雜傳〉各自獨立於歷朝之外，此為數量上之適變及特重本朝史之特色所致。按《尤目》〈國史類〉有八六部、〈本朝雜史〉有七五部、〈本朝故事〉五八部、〈本朝雜傳〉六五部，此四類總和為二八四部，較五代前之四類史籍總和多很多，佔史部書目總數幾近三成五，以如此龐大數量之本朝史入於歷代史類中，則將形成分配不均之勢，故將本朝別出，實有以也。

（三）子　部

　　《尤目》將〈法〉、〈名〉、〈墨〉、〈縱橫〉等家合併而置於〈雜家〉中，取消〈讖緯〉，不立〈道書〉，創設〈譜錄〉等舉，雖失考鏡源流之旨，然實則因實際情形之不得已也。蓋後世前述諸家之著作幾無〔註1〕，而尤袤所藏數家之書亦共只十多部，每類不過二至五部而已，故考量到圖書分類上之需要及各類數量之平衡，方有此合併之舉，正如四部不能返爲漢之七略般，實爲因時之制也。余嘉錫《目錄學發微》十〈目錄類例之沿革〉，於圖書分類與學術分類之實際關係上即多所解說：

　　　　實則目錄之興，本以甲乙計數，而「學術之宗、明道之要」特因而寓之而已。……古今學術其初無不因事實之需要而爲之法，以便人用，傳之久、研之精，而後義理著焉。……故類例雖必推本於學術之原，而於簡篇卷帙之多寡，亦須顧及。

　　　　書之有部類，猶兵之有師旅也，雖其多寡不能如卒伍之整齊畫一，而要不能大相懸絕，故於可分者分之，可合者合之。

　　　　向、歆類例，分爲六略，蓋有二義：一則因校書之分職，一則酌篇卷之多寡也。所謂酌篇卷之多寡者，史出於春秋，後爲史部，詩賦出於三百篇，後爲集部。乃七略於史則附入春秋，而詩賦自爲一略者，因史家之書，自《世本》至《漢大年紀》，僅有八家四百一十一篇，不能獨爲一略，只可附錄，附之他略皆不可，故推其學之所自出，附之春秋。詩賦雖出自三百篇，然六藝詩僅六家四百一十六卷，而詩賦略乃有五種百六家千三百一十八篇，如援春秋之例附之於詩，則末大於本，不得不析出使之獨立。……而鄭樵乃謂《世本》諸書不當入春秋類，然樵又嘗曰：「月令乃禮家之一類，以其爲書之多，故爲專類」，夫可以書之多而分，獨不可以書之少而合乎？樵之予奪不一，宜其爲章學誠之所議也。

　　　　取後世之書強附九流，按門分隸，是猶呂奪嬴宗，牛繼馬後，聞其名則是，考其實則非也。

　　　　藏書之目，所以供檢閱，故所編之目與所藏之書必相副，收藏陳設之

〔註1〕見余嘉錫《目錄學發微》十〈目錄類例之沿革〉，其文有云：「考漢諸子十家，惟儒、道、陰陽三家有西漢末人之著作，餘若縱橫、雜家，皆至武帝時止，農家至成帝止，小說家至宣帝時止。而名、墨二家則祇有六國人書。可以見當前漢時諸子之學，已在若存若亡之間。由漢至晉，中更王莽董卓之亂，其存焉者蓋寡矣。中經著錄之古諸子凡若干家，今無可考。七錄于兵錄中陰陽部農部各止一種，墨部四種，縱橫部二種而已。儒、道、雜三部最多，恐有大半是晉以後之新著。以此推之，晉時子部之書，當亦無幾。」

間，當酌量卷冊之多少厚薄。從來官撰書目，大抵紀公家藏書，是以門類
不能過於繁碎。甲乙之簿與學術之史，本難強合爲一。

余氏所論，皆恰足說明《尤目》何以併〈法〉、〈名〉、〈墨〉、〈縱橫〉諸家入〈雜家〉，
併〈天文〉、〈曆議〉、〈五行〉、〈陰陽〉、〈卜筮〉、〈形勢〉爲〈數術家類〉和增〈譜
錄類〉以收無類可歸之香譜、石譜、蟹譜等書。《四庫提要》稱「其子部別立〈譜錄〉
一門以收香譜、石譜、蟹譜之無類可附者，爲例最善」，可見尤表其分類觀念之詳當
及提要論斷之精確。此類例之法影響及《明史・藝文志》、《千頃堂書目》及《四庫
全書總目》等之分類，意義頗大。

（四）集　部

較前書目增列之〈章奏〉、〈文史〉、〈樂曲〉三類，於後之《書錄解題》及《四
庫總目》皆亦頗有影響：〈章奏類〉爲《書錄解題》所從，《四庫總目》則合史部〈詔
令類〉於史部而爲〈詔令奏議類〉。〈樂曲類〉《書錄解題》亦從之，《四庫總目》則
再擴爲〈詞曲類〉。《尤目》開創前導之跡不可忽略。

綜觀《尤目》類例之分，大致上承襲前例，然於實際分類有滯礙難行、不復舊
觀時，亦加以創新，以符時需，故分類上時有湮沒「辨章學術，考鏡源流」之嫌，
然按「甲乙之簿與學術之史本難強合爲一」之實際觀點而論，《尤目》之分合恰符時
需，體現藏書目錄編撰精神而不泥於古，影響後人分類頗深，無怪乎《四庫提要》
讚爲「爲例最善」，然正如讚其書目之《四庫提要》般，大醇難免不無小疵，《尤目》
於書籍歸類時亦有入類不當者，《四庫提要》舉之云：

> 間有分類未安者，如《元經》本史而入儒家、《錦帶》本類書而入農
> 家、《琵琶錄》本雜藝而入樂之類。

儘管如此，《尤目》在南宋私家目錄中自成一格，其合併取消及增設創立之應時部類
法，爲往後著名目錄採用及發展，即可見其分類上之影響。

二、著　錄

《遂初堂書目》於現存宋朝私家藏書目錄中，其著錄之方式亦爲特殊而自成一
家，其書目僅止一卷，無大序、小序及敘錄等體，與晁志、陳錄迥異，而僅著錄書
名，且多不載卷數，偶冠以著者姓名，其體極爲簡略，《四庫提要》疑今傳書目非原
書，而出於傳寫者所刪削。其文云：

> 諸書皆無解題，檢馬氏〈經籍考〉無一條引及袁說，知原本如是，惟
> 不載卷數及撰人，則疑傳寫者所刪削，非其原書耳。

然今世傳本乃出於元末陶宗儀《說郛》所錄，陶氏於書目下注云：「一卷全抄」，則當係全錄。以此推知《四庫提要》刪削之說，實無所據，原本當如是也。然吾人不禁想問，何以尤袤所著書目如此簡略而異於當時私家書目體例？今考袤藏書之情形，或可為此解答。按袤藏書多藉撰史之職而得便利，浸淫既久，史籍著錄之例或深及腦中，故編成書目之時亦仿其例而行之。《四庫提要》云：「其例略與史志同」，即可見其端倪。儘管如此，尤袤並無照本宣科般完全仿效，而更創立了書目兼記板本之例，於此而有別於史書藝文志。《四庫提要》即云：「惟一書而兼載數本，以資互考，則與史志小異耳」。因記板本一例乃《尤目》特出之要項，故今另立別目以述之，此不討論。

《遂初堂書目》著錄時體制大致如前述，然中亦偶有小注之語點綴其間，加以說明者。今將列出：

論語類

類名下注「孝經、孟子附」

偽史類

類名下注「夷狄附各國史後」

數術類

類名下注「一天文、二曆數、三五行、四陰陽、五卜筮、六形勢」

以上三者為注說分類的，以下數注則為說明書籍本身：

國史類

《哲宗國史》一書下注「樂官職志一冊，臣傳一冊」，「樂官職志」四字他本皆有異動，《海山仙館叢書》本作「樂志官職」，《四庫全書》內府藏本作「樂職官志」，三本不同，今按其言乃說明殘存之內容〔註2〕，則以《四庫全書》所載較當。

本朝雜史

《小心鏡》一書下注「只欽廟一朝」，不知其指是為全書內容，抑或殘帙？《四庫全書》本作「水心鏡」，且下無注語。

儒家類

《張無垢心傳語》一書下注「語錄附」

數術家類

《六壬奧旨》一書下注「奧一作秘」，《海山仙館叢書》本書名作「六壬秘旨」而無注語，《四庫全書》本則只書「六壬旨」更無注語。依上述惟《說郛》本有注語，

〔註2〕見喬衍琯《宋代書目考》遂初堂書目所載。

則此注語或爲後世刊行時之校語殘存者，未必爲《尤目》所原有。

　　《遂初堂書目》之注語除分類部份明確無誤外，關於內容注語部份多有歧異，其是否眞爲原書所有，不無可疑。喬衍琯〈遂初堂書目序〉則指〈哲宗國史條〉及〈小心鏡條〉注語「似爲原註」，而〈六壬奧旨條〉注則「似出張宗祥校訂之手」。雖能推測至此，然「似」之一字亦可見其眞象難求了。

　　《遂初堂書目》於書籍編錄歸類上亦時有重覆著錄之情形，即同一書而入於二類者，偶有一類中二見其書者。《四庫提要》曾舉其例云：

　　　　亦有一書偶然複見者，如《大歷浙東聯句》，一入別集一入總集之類。

繆荃孫繼《四庫提要》後復有發現，其文載於《藝風堂文集》卷七〈遂初堂書目跋〉，今爲一目瞭然計，茲條列如后：

　焦氏易林：一入周易，一入術數家類

　汲冢周書：一入尚書，一入春秋

　天下大定錄：一入雜史，一入僞史

　皇祐平蠻記：一入本朝故事，一入地理

　慶曆軍錄：一入本朝故事，一入兵書

　隋李文博中興書：一入儒家，一入雜家

　瀨鄉記：一入地理，一入道家

　熙寧番官陳院編敕：一入職官，一入刑法

　文場盛事：一入故事，一入小說

　石藥爾雅：一入醫書，一入道家

　于公異記集：一入別集，一入章奏

　令狐楚奏事：一入別集，一入章奏

　文苑英華：一入類書，一入總集

　花間集：一入總集，一入樂曲

　郊祀錄：儀注類兩見

　崔顥集：別集類兩見

　伊川先生集：〈別集類〉兩見

　王文公送伴錄，王介甫送伴錄一舉其字，一舉其謚，一入雜史，一入〈本朝故事〉。

　　除此十八條外，繆荃孫又疑〈別集類〉「李紳追昔游編」是否同於「李公垂集」？繆氏審閱入微，所舉確鑿。然《尤目》數量頗富，偶有漏失，在所難免，今筆者於對照時亦發現數則重出之例，列出以補繆氏之漏。

　　吳均集　　別集類兩見

　　孫逖集　　別集類兩見

　　戎昱集　　別集類兩見

　　鮑溶集　　別集類兩見。

　　按《說郛》本《尤目》〈別集類〉有「鮑溶集」及「鮑溶」二書，故以此舉出。然《海山仙館叢書》本則無「鮑溶」，《四庫全書》則為「鮑溶」及「鮑容」二書。今從《說郛》本。由以上所述得知《尤目》複見之著錄共得二十三條，其中一類二見者實為編錄時之疏失，而一書見於二類者則未必為疏失。今觀其書和其所入之類大都有相當之關聯；如《焦氏易林》一書，先入〈周易類〉，而周易之書原始為卜筮之用，蓋《焦氏易林》涉及卜筮者頗多，故尤袤又將之歸入於包含五行、陰陽、卜筮等之〈數術家類〉，今察《四庫提要》子部術數類《易林》四卷有云：

　　　　漢焦延壽撰，延壽字贛……蓋易於象數之中別為占候一派者實自贛始，所撰有《易林》十六卷，又《易林變占》十六卷，並見《隋志》，《變占》久佚，惟《易林》尚存，其書以一卦變六十四，六十四卦之變共四千九十有六，各繫以詞，皆四言韻語，考《漢藝文志》所載易十三家、著龜十五家，不及焦氏，《隋經籍志》始著錄於〈五行家〉。

可知《易林》的性質內容及尤袤一書兩歸類之原因為何，此種一書兩歸類之情形實在是尤袤考慮到圖書分類及考鏡源流並重的結果。《四庫提要》〈易林條〉按語即為尤袤此舉做了最恰當的注解；其文云：

　　　　然則陰陽災異之說始於孟喜，別得書而托之田王孫，焦延壽又別得書而托之孟喜，其源實不出於經師，朱彝尊《經義考》備列焦京二家之書，蓋欲備易學宗派，不得不爾，實則以《隋志》列〈五行家〉為允也，今退置〈術數類〉中以存其真。

尤袤的歸類正包含了朱彝尊備易學宗派之名和《隋志》列〈五行家〉之實。此著錄方式和清代章學誠之「互著」法很類似，章氏《校讎通義》有「互著」一篇專述其法，其要點為：

　　　　蓋部次流別，申明大道，敘列九流百氏之學，使之繩貫珠聯，無少缺逸，欲人即類求書，因書究學，至理有互通，書有兩用者，未嘗不兼收並載，初不以重複為嫌，其於甲乙部次之下，但加互注以便稽檢而已，古人最重家學，敘列一家之書，凡有涉此一家之學者，無不窮源至委，竟其流別，所謂著作之標準，群言之折衷也，如避重複而不載，則一書本有兩用而僅登一錄，於本書之體既有所不全，一家本有是書而缺而不載，於一家

之學亦有所不備矣。

　　若就書之易清者言之：經部易家與子部之五行陰陽家相出入……若就
書之相資者而論，爾雅與本草之書相資爲用……周易藏於卜筮、洪範藏於
五行已也。書之易混者，非重複互注之法，無以免後學之牴牾，書之相資
者，非重複互注之法，無以究古人之源委。一隅三反，其類蓋亦廣矣。

《尤目》重複著錄之實頗符合其所言，然惟有「重複」之法，而無「互注」之
法，《尤目》雖有書下小注，然皆明內容者，無用於互著，故後世觀者少視其重複之
處，僅清代繆氏能檢析。如從互著法觀之，《尤目》可爲此法之遠祖，特未有小注標
明及專文解說而已。由此觀之，尤袤重複著錄之法實乃後世目錄學編目法之先導。

三、板　本

　　南宋現存私家藏書目錄均有板本之記載，晁公武《郡齋讀書志》、陳振孫《直
齋書錄解題》皆於解題中言及板本問題，並述其間異同〔註3〕。然其言板本只爲解
題內容之一，並未突顯板本地位，而尤袤《遂初堂書目》首先標記板本於書名之上，
創書目兼記板本之例，開後世注重板本之風，大爲提升板本的重要性。葉德輝《書
林清話》〈古今藏書家紀板本〉一文即言：

　　自鏤板興，於是兼言板本，其例創於宋尤袤《遂初堂書目》，目中所
錄一書多至數本，有成都石經本、秘閣本、舊監本、京本、江西本、吉州
本、杭本、舊杭本、嚴州本、越州本、湖北本、川本、川大字本、川小字
本、高麗本，此類書以正經正史爲多，大約皆州郡公使庫本也。

葉氏言及刻本種類、多出經史和多爲州郡公使庫本之特點，此三項有其關聯之處，
蓋《尤目》所標示之版本幾爲當時之善本，如舊監本諸經、川本諸史、杭本及舊杭
本經史等，皆爲宋刻上品，既爲善本，則多經地方官支領公使庫錢精刻善校，而所
刻當然是以經、史爲正統之要籍，此環環相扣而成之板本圖書何以得爲尤袤所藏？
當然是他多次兼修史之職所賜，得以抄閱善本板刻以藏之。《尤目》中著錄之重本、
異本實不僅葉氏所列而已，更有其他數刻。今總列記版刻之書及其歸類如下：

經總類：

成都石刻九經論語孟子爾雅、杭本周易、舊監本尚書、京本毛詩、舊監本禮記、

〔註3〕見喬衍琯《宋代書目考》，其書四朝國史志、三朝國史志、藝文略、晁公武郡齋讀書
　　　志、趙希弁讀書附志、陳振孫直齋書解題及景定建康志等皆有言記板刻之情形，可
　　　參閱。

杭本周禮、舊監本左傳、杭本公羊傳、杭本穀梁傳，舊監本論語、舊監本孟子、舊監本爾雅、舊監本國語、高麗本尚書、江西本九經、朱氏新定易書詩春秋古經。

小學類：

舊監本許氏說文

正史類：

川本史記，嚴州本史記、吉州本前漢書、越州本前漢書、湖北本前漢書、川本後漢書、越本後漢書、川本三國志、舊杭本三國志、舊杭本晉書、川本晉書、舊本南史、舊本北史、舊杭本隋書、舊杭本舊唐書、舊杭本前唐書、川本小字舊唐書、川本大字舊唐書

編年類：

川本小字通鑑、川本大字通鑑

雜史類：

舊杭本戰國策、《遂初先生手校戰國策》、姚氏本戰國策

雜傳類：

別本高士傳

實錄類：

朱墨本神宗實錄

地理類：

秘閣本山海經、池州本山海經、舊本鄭州圖經、舊本杭州圖經、舊越州圖經（疑缺「本」字）

數術家類：

別本甘氏經

小說類：

京本太平廣記

譜錄類：

別本禽經

共計有十一類之五十一部書，史部之書言版刻者最多，板本種類總有成都石刻、杭本、舊監本、京本、高麗本、江西本、朱氏新定、川本、嚴州本、吉州本、越州本、越本、湖北本、舊杭本、舊本、川本小字、川本大字、手校本、姚氏本、別本、朱墨本、秘

閣本、池州本等二十三種〔註4〕，並非僅如《書林清話》所載之十五種而已。

　　由上所述知南宋時版刻之盛已使一書多至數種版本，必須要加以標示方免錯認，如《前漢書》、《舊唐書》各有四種板本之多，其他如《史記》、《後漢書》、《三國志》、《晉書》、《通鑑》、《戰國策》、《山海經》等書亦皆有二種板本，這些標注的善本多爲北宋之刻書史料，很是珍貴，除記載版刻資料外，其羅列版刻，兼載校本之體例爲後世書目記版本之權輿，開後世版本學之先河。陸心源〈遂初堂書目跋〉云：

　　　　宋以前書目，如《崇文總目》、晁氏《讀書志》、陳氏《書錄解題》、鄭氏《通志‧藝文略》、馬氏端臨《經義考》，皆著書名，不載刻本校本，惟此書所載有杭本周易、周禮、公羊、穀梁，舊監本尚書、禮記、論語、孟子、爾雅、國語，京本毛詩，高麗本尚書，江西本九經，川本史記、前漢書、後漢書、三國志、晉書，嚴州本史記，吉州本前漢，越州本前漢、後漢，湖北本前漢，杭本舊唐書、後唐書，川本小字大字舊唐書，川本大字通鑑、小字通鑑，校本戰國策，羅列版刻、兼載校本、爲自來書目創格，延陵季氏傳是徐氏宋元刻本書目之濫觴也。（《儀顧堂題跋》卷五）

陸氏認爲《尤目》記板本一例，啓發了以板本專名稱目的徐乾學《傳是樓宋元本書目》。又丁丙《善本書室藏書志》亦云：

　　　　此目經分九門而經總類載舊監本、杭本、京本、江西本、高麗本，已開兼收並蓄，比較版刻之風。

而昌彼得、潘美月合著之《中國目錄學》一書中更明載宋後各代仿《尤目》編例之書目，並推言能如《遂初堂書目》般明載刻地者甚罕，言下之意，對於《尤目》所創青睞有加，其文如下：

　　　　自尤氏以後，編書目能仿用其例的尚甚罕見，在明代唯有嘉靖間晁瑮編《寶文堂書目》，於書名下偶有註明所藏的是什麼刻本。明末以來，藏書家特重宋元版，故清初的書目於所藏的宋元本始予以標注，如汲古閣《宋元版書目》、《絳雲樓書目》、《季滄葦書目》等是。而錢曾的《述古堂書目》除記宋元版外，於抄本書也加以著明。一直到嘉慶間秦恩復編其藏書爲《石研齋書目》，才推廣尤氏遂初目的陳法，始備注明所藏各書的版本。顧廣圻作書目序云：「今先生此目，創爲一格，以入錄之本詳注於下，既使讀者於開卷間，目憭心通而據以考信，遂不啻燭照數計。於是知先生深究錄

〔註4〕見喬衍琯《宋代書目考》則言二十一種板本，共四十六部書，實少筆者所列之朱氏新定、姚氏二版本，而少朱氏新定易書詩春秋古經、舊監本許氏說文、姚氏本戰國策、京本太平廣記、別本禽經六部書。

略，得其變通，隨事立例，惟精惟當也。特拈出之，書於後，爲將來撰目
錄之模範焉」嘉慶以後藏書家所編的書目大都注明版本，實爲一進步，惟
各家書目所記的版本，多僅注明爲宋爲元爲明，稍詳者亦不過標舉元號，
如「明嘉靖刻本」、「明萬曆刻本」、「清康熙刻本」等，若求如《遂初堂書
目》一樣，能載明刻地的，可以說甚罕。

顧廣圻於秦恩復所加讚語正亦可爲今日吾人對尤袤之讚語。《尤目》雖因無解題而少
爲後人所利用，但把板本作爲著錄專項來突出其地位，卻影響著後世目錄學的發展。

第三節　傳　本

《遂初堂書目》傳於今之最早版本乃明初陶宗儀所輯之《說郛》卷二十八所錄，
嗣後屢經刊行，各種版本屢出，今列其傳本如后，並附有著錄《尤目》之書目圖
錄於下，以資參考：

民國十四年上海涵芬樓鉛印明鈔一百卷《說郛》本
　　國立北平圖書館圖書目錄
　　江蘇省立國學圖書館圖書總目
　　書林清話
　　叢書子目類編
　　中國歷代書目總錄

清順治四年姚安陶珽重編刻一百二十卷《說郛》本
　　國立北平圖書館圖書目錄
　　叢書子目類編
　　中國歷代書目總錄
　　台灣大學圖書館藏有此書

按另只載《說郛》本，而無說明爲何種《說郛》者之書目有
　　四庫目略
　　增訂四庫簡明目錄標注
　　邵亭知見傳本書目

清道光二十六年番禺潘仕誠刻《海山仙館叢書》本
　　書林清話

崇雅堂書錄

邵亭知見傳本書目

八千卷樓書目

四庫目略

增訂四庫簡明目錄標注

國立北平圖書館圖書目錄

江蘇省立國學圖書館圖書總目

叢書子目類編

中國歷代書目總錄

清光緒二十二年武進盛宣懷刻《常州先哲遺書》本

書林清話

八千卷樓書目

四庫目略

增訂四庫簡明目錄標注

國立北平圖書館圖書目錄

江蘇省立國學圖書館圖書總目

叢書子目類編

中國歷代書目總錄

台灣大學圖書館藏有此書

武進盛宣懷另刻有單行本

八千卷樓書目

江蘇省立國學圖書館圖書總目

民國二十四年上海商務印書館鉛印《叢書集成初編》本

中國歷代書目總錄

叢書子目類編

丁丙《善本書室》舊藏舊鈔本一冊，有「汪魚亭藏閱書」一印

又舊鈔本一冊，有「何印元錫」、「夢華館藏書」二印

善本書室藏書志

江蘇省立國學圖書館圖書總目

中國歷代書目總錄

各藏書目錄所載之鈔本

八千卷樓書目，載有抄本二種

皕宋樓藏書志，載有舊抄本，勞季言校

五十萬卷樓藏書目錄，載寫本

儀顧堂題跋，載舊鈔本

鐵琴銅劍樓藏書目錄，載舊抄本

路氏有鈔二卷本

四庫目略

增訂四庫簡明目錄標注

清光緒六年會稽秋霖澍鈔本

增訂四庫簡明目錄標注

中國歷代書目總錄，載德化李氏木犀軒舊藏

德化李氏木犀軒舊藏清嘉道間原抄本

中國歷代書目總錄，載其書為北京大學圖書館藏

清乾隆欽定《四庫全書》內府藏本

國立北平圖書館圖書目錄，載所藏為文津閣本

叢書子目類編

台灣故宮博物院藏有文淵閣本

錫山尤氏叢刊本

叢書子目類編

以上所述各刊本間因皆輾轉刊刻，故其文字稍有出入，分合亦有差異，今以常見之明鈔《說郛》、《四庫全書》本、《海山仙館叢書》本及《常州先哲遺書》本加以比較，列其較重大之差異以見其差別，俟供日後檢索之參考。

經總類：

四庫本將「成都石刻九經論語孟子爾雅」分成「成都石刻九經」及「論語孟子爾雅」。按他本及諸記載《尤目》之文皆載為一書，惟四庫本分之，蓋誤也。又「朱氏新定易書詩春秋古經」亦分為二，其情形仍同上書也。

周易類：

「劉放易傳」四庫本作「劉牧易傳」。「朱子發易說卦圖」四庫本分為二。四庫

本著錄「石介口義」爲《說郛》及海山本所無。「歐氏童子問」、「錢述易說易斷」、「程迴易章易疑問」三書四庫本合併爲三，成「歐氏童子問錢述易」、「說易斷易疑問」和「程迴易章句」三書，海山本則同《說郛》而無「程迴易章句」五字。「張弼解卜子夏易傳」海山本「弼」作「弧」字。「易龜圖」四庫本作「易龍圖」。

尚書類：

「吳氏書稗義」四庫本「義」作「蒙」字。

詩　類：

「唐張部詩別錄」四庫及海山本「部」作「敘」字。「張直父詩解」四庫本無著錄。

禮　類：

「朱氏中庸大學」四庫本作「朱氏中庸說」。「余氏井田王制圖」四庫本「余氏」作「余希文」。「五禮義鏡」四庫本作「開元義鏡」。「眞禮」四庫本作「直」禮。「三禮駁議」四庫本作「三禮圖駁議」。「古今家祭祀」海山本「祀」作「禮」字。

樂　類：

「樂府廣題」四庫本無著錄。「吳仁傑樂舞新詩」海山本「詩」作「書」。

春秋類：

「左公穀傳幵釋文」「國語」二書四庫本合併爲一。「汲冢周書」四庫本作「汲冢春秋」。「杜氏釋例」、「春秋公子血脈譜」二書四庫本合爲「杜氏釋例春秋」、「公子血脈譜」二書。「劉氏權衡意林說例并傳全」海山本則作「劉氏權衡意林傳說例并全」。「胡氏傳例通旨全」海山本及四庫本作「胡氏傳通例通旨全」。

論語類：

「古注孝經論語」四庫本無「孝經」二字。「宋咸增注論語」四庫本無「增」字。「王逢源語孟解」四庫及海山本「源」作「原」。「濡石論語解」四庫本「濡」作「湍」字。

小學類：

「晉張揖博雅」四庫本作「晉張博楫雅」。「吳領夷義訓」四庫本「領」作「顧」字。「急就章注」四庫本「注」作「句」。「群經音辨」四庫本作「群經辨音」。「廣韻考正」一書《說郛》本及海山本無著錄，獨四庫本著錄。「聲韻類例」四庫本作「聲韻累類例」。「隸續」、「隸釋」四庫本合成一書。「張有重編韻譜」四庫本「韻」作「說」。

正史類：

「舊本南史」四庫本作「舊本晉書南史」。「舊杭本隋書」四庫本無著錄。「舊杭本舊唐書」四庫本則作「舊杭本後唐書」。「舊杭本前唐書」海山本無著錄。「新五代史」四庫及海山本皆無著錄。

編年類：

「馬總通歷」四庫本作「馬總統略」。「累代歷年」四庫本作「歷代累年」。「川本小子通鑑」四庫本無「鑑」字。「帝王要略」四庫本「要」作「照」。

雜史類：

「古史」四庫本作「古文」。「鮑氏注戰國策」四庫本作「鮑氏補註戰國策」。「姬吳書」海山本作「嫗吳春秋書」。「高宗承祚寶錄」四庫本作「高宗成祚寶跡」。「開天傳信記」四庫本「天」作「元」。「薊門紀亂」海山本「薊」作「蘇」。「莊宗召福記」四庫及海山本「福」作「禍」。

故事類：

「文場盛事」四庫本作「文章盛事」。

雜傳類：

「梁四公記」四庫本「四」作「西」。「兩朝獻替記」四庫本「兩」作「西」。「孝史」四庫本作「考史」。「會稽先賢贊」四庫本作「會稽先賢傳」，按「傳」於「贊」前即有著錄，如依四庫著錄則為重複。

偽史類：

「和苞漢趙記」四庫本「趙」作「起」。「海東三國通錄」四庫本「海東」作「東海」。「錢鏐備史」四庫本「史」作「文」。

國史類：

「續長編舉要并考異」、「國紀」二書四庫本合併成一書。「編年全要」四庫本無著錄，然卻增《說郛》及海山本所無之「續千要」一書。「裕陵密院時政記」四庫本無著錄。「神宗御批」四庫本「批」作「札」。「哲宗實錄辨証」、「黨人記」二書四庫本合併為一，前書之「証」字海山本作「誣」字。「崇寧行遣上書人指揮」四庫本「上書人」三字作「人上書」。「張參政省記」、「建炎時政并元帥府事跡」四庫本合併為一書，而以「并元帥府事跡」數字為小注。「權邦彥記聖語」四庫本「權」作「崔」。「祈請語錄」四庫本「請」作「清」。「丙午錄」四庫本無「午」字。

本朝雜史：

「續溫公齋記」四庫本無「續」字。「錢文僖逢辰錄」四庫本無「逢」字。「王

岩叟朝論偉論」、「溫公日錄」二書四庫本無之。「宋序」一書爲四庫本著錄，《說郛》及海山本皆無。「曾南豐雜識」四庫本「識」作「職」。「背盟本末」四庫本「背」作「敗」。「亂華編」四庫本作「辭筆編」。「小心鏡」四庫本作「水心鏡」。「維揚過江錄」海山本「揚」作「陽」。

本朝故事：

「中書備對」四庫本「對」作「類」。「元祐東宮錫極錄」四庫本「極」作「函」。「寇瑊奉使錄」、「慶曆會計錄」二書四庫本無著錄。「元祐會計錄」四庫本作「元祐會計續錄」。「張芸叟使遼錄」四庫本「叟」作「齋」。「左藏兩庫約支」四庫本「兩」作「西」。「廣開隨志」四庫本「開」作「文」。「慶曆編類勳臣姓名錄」四庫本分成「慶曆編類」及「勳臣姓名錄」二書。「富公奉使錄」及「別錄」四庫本「公」字皆作「貴」，海山本則皆作「弼」字。「福建盜賊須知」、「淮西措置事宜」、「兩鎮還山書稿」三書四庫本此類皆無著錄，而入「〈本朝雜傳〉」。

本朝雜傳：

「韓魏公家傳別錄遺事追榮考德愛棠集」四庫本「愛棠」作「受業」，海山本則無「愛」字。「唐質肅遺事」四庫本「肅」作「蕭」。「陳規德安守潔錄」四庫本「規」作「窺」字。「胡安定五峰行實」四庫本「安」作「文」。「劉元城家傳神道碑」四庫本「元」作「安」。「晏敦復行錄」四庫本「敦」作「郭」。「陳了齋自撰墓志并序」四庫本「陳」作「李」，「自」作「白」。「劉拯行錄」四庫本「拯」作「極」。「刑恕事實」海山本作「邢恕行事」。

實錄類：

「唐莊宗明宗廢帝閔帝實錄」海山本分成「唐莊宗明宗實錄」、「廢帝閔帝實錄」二書。「英宗治平紀要」四庫本「紀」作「治」。「重修哲宗實錄」四庫本無著錄。

職官類：

「漢官舊儀」四庫本「舊」作「典」字。「劉貢父漢官職選」四庫本「職」作「彩」字。「唐任職官品纂要」海山本「職」作「戩」。「唐職林」四庫本「唐」作「官」。「官制舊典」下三書之「制」海山本皆作「職」。「翰林舊規又雜志」四庫本作「翰林舊規續志又雜志」，海山本則分成二書。「開運初入儀」海山本「入」字作「八」。「熙寧番官東院編敕」海山本「東」作「陳」。「歷代宰相年表」四庫無著錄。「宰相拜罷編年總括」四庫本「總括」作「隱木括」。

儀注類：

「馬鎬中華古金注」海山本「鎬」作「縞」。「本朝歲祀總數」四庫本作「本朝歲時總類」。「合班儀」一書海山本無著錄。「國朝明堂紀要」四庫本「明」作「皇」。

「紹興祀高媒儀注」海山本「媒」作「禖」，四庫本則易「高媒」爲「郊禖」。

刑法類：

「熙寧官東院編敕」海山本「審」作「番」、「東」作「陳」。「乾道重修三省密院敕令格式申明」、「官誥院一司條格」、「常平役法」三書四庫本合成一書。「淳熙常平茶鹽敕令」、「建炎元年以後續降錄」二書四庫本合一。「紹興二十七年至三十一年春敕」、「紹興二年春敕」、「條令總類」海山本將前二書合一，四庫本則將三書合一。「養賢錄」四庫本無「養」字。「折獄龜鑑」四庫本「獄」作「刑」。「明刑盡心集」四庫本作「刑名盡心集。」

姓氏類：

「宋何承天姓苑」、「姓源韻譜」二書四庫本皆無著錄。「唐李利涉編古命氏錄」四庫本作「唐和沙編古禽氏錄」。「紹興臣僚類姓」、「三院呂氏世譜」四庫本二書合一。「玉牒行移」海山本「移」作「樓」。

史學類：

「後漢句字」海山及四庫本均無著錄。「律曆志辨疑」海山本無「志」字。「唐書直筆新例」海山本無「新例」二字，而移至下書名爲「唐書新例須知」。「集校兩漢書」四庫本「兩」作「西」。「邵忠史例」四庫本作「邵必史例總論」。「兩漢補遺」四庫本「兩」作「西」。「王遇漢議」海山本「議」作「儀」，四庫本則作「遺」。「通鑑入約」四庫本「入」作「分」。

目錄類：

「經史品題」四庫本「品」作「釋」。「嘉祐求遺書目」四庫及海山本「求」作「永」。「邯鄲圖書志」四庫本作「邯鄲圖書十志」。

地理類：

「三輔黃圖」四庫本「黃」作「皇」。「方輿志」一書海山本無著錄，另作「黃恭廣志」。「唐李德裕西南備邊錄」四庫本「李德裕」作「李祐」。「成都古今記」四庫本「記」作「集說」。「同安志」四庫本作「同心志」。「豫章職方乘又續乘」海山本析爲二。「黃眞觀記」海山本著錄，《說郛》及四庫本皆無。「羊角山度唐觀記」四庫本「度」作「慶」、海山本無「度唐觀」三字。「平都山仙都觀記」四庫本無著錄。「湘州記」海山本「州」作「川」。「廣東西會要」四庫本「西」作「志」。「評議虜中錄」、「虜都驛程圖」之「虜」字四庫本皆作「北」字、「北虜方言」四庫本「虜」作「中」。「宋沈德遠南越志」海山本無著錄。

儒家類：

「陸續注太玄經」四庫本「續」作「績」。「荀悅申鑒」四庫本「悅」作「忱」。

「唐劉蛻續說苑」四庫本「蛻」作「貌」。「唐朱敬則十代興亡論」四庫本「朱」
作「宋」字。「橫渠理窟」四庫本「窟」作「究」。「程尙書極言」海山及四庫本
「言」作「書」。「御製正說」四庫本「說」作「統」。

雜家類：

「魏劉劭人物志」海山及四庫本「劭」作「邵」。「馬摠意林」四庫及海山本「摠」
作「總」。「忠經」四庫本增標姓名作「馬融忠經」。「唐羅隱兩同書」四庫本「羅
隱」作「吳筠」。「隋李文博中興書」四庫本「李」作「學」。

道家類：

「王顧老子疏」四庫本「顧」作「碩」。「老子藏室纂微」四庫本「室」作「空」。
「周朴天道論」四庫本則增字作「周固朴天道論」。「爐術本艸」四庫本「術」
作「郴」。「靈山賦集」四庫本「山」作「仙」。「毛仙翁詩」四庫本「仙」作「先」。
「青城山雜錄」四庫本「錄」作「術」。「鍾離眞人靈寶異法」海山及四庫本「異」
作「畢」。

釋家類：

「金銀字傳大士頌」四庫本分爲二書成「金銀字傳」、「大士頌」。「弘明集」海
山本「弘」作「宏」。「大慧武庫」四庫本「大」作「文」。

農家類：

「唐蒯令月令」四庫本作「唐删定月令」，海山本則只作「唐月令」。「范如
圭田書」四庫本增字成「范如圭田夫書」。「曾安上禾譜」四庫本「上」作「正」。

兵書類：

「李衛公兵法問答」四庫本無「兵法」二字。「諸葛亮十六條」海山本「條」作
「策」。「眞人水鏡」四庫本作「水眞人鏡」。「重修武經摠要」四庫及海山本「摠」
作「總」。

術數家類：

「別本甘氏經」四庫本「本」作「日」。「天象賦」四庫本「天」作「大」。「十
二曜細行曆」四庫本「十二」作「十一」。「黃若只議紀元曆書」四庫本分成「黃
若只儀」、「紀元曆書」二書。「大衍宣明貞元欽天奉天儀元崇貞明天官觀天曆草」
四庫本分成「大衍宣明貞元欽天奉天儀」及「元崇眞眞明天官天曆草」二書，
海山本則更分成三書爲「大衍宣明眞元欽天」、「奉天儀元崇貞明」、「天官觀天
曆草」。「金國大明日曆」四庫本「金」作「大」。「太一王佐秘書」、「顧野王符
瑞圖」及「李淳風運元方道」三書四庫本無著錄。「黃帝祛惑經」四庫本「惑」
作「感」。「六壬奧旨」《說郛》本有小注云：「奧一作秘」，然海山本則直作「六

壬秘旨」而無小注，四庫本則只作「六壬旨」，可見小注乃張宗祥校注語。「聚金口訣」四庫本「聚」作「六壬」。

小說類：

「楊松玢談藪」、「漫浪野錄」、「續前定錄」等書四庫本無著錄。「三水小牘」四庫本無「小」字。「戎幕閒談」四庫及海山本「幕」作「幎」。「北里志」四庫本「北」作「地」。「孔毅父雜錄」海山本「雜」作「田」。「李圭復記聞」四庫本「記」作「起」。「星江野錄」四庫本「江」作「法」。「東軒筆錄」海山本「軒」作「野」。「龍川別志」四庫本無「別」字。「龍川略志」四庫本「龍」作「新」。「王性之默記」四庫本「性」作「惟」。「桐陰舊話」四庫本「桐」作「湘」。「感知錄」四庫本「知」作「定」。「窮神秘苑」四庫本「窮」作「稽」。「京本太平廣記」四庫本分為「京本」及「太平廣記」二書。「角力記」四庫本作「角力子」。

雜藝類：

「翰林禁經」四庫本「經」作「紀」。「聲畫集」四庫本作「總畫集」。「李王閣中集」海山本「閣」作「閤」。「棋經通遠集」四庫本「遠」作「玄」。「正觀公私畫錄」四庫本「正」作「貞」。「張丘建算經」四庫本「建」作「達」。「棋品」四庫本無著錄。「雙陸譜」四庫本「譜」作「格」。

譜錄類：

「八寶記」、「玉璽譜」四庫合成一書。「文房四譜」、「續文房四譜」四庫本皆增「寶」字。「品茶要錄」四庫本「品」作「呂」。「警年錄」、「禾譜」二書海山本無著錄。

類書類：

「文思博要」四庫本增列卷數作「文思博要一卷」。「劉昆山集類」四庫本「類」作「數」。「分門節要」四庫本分成「分門」、「節要」二書。「文選事類」及「文選雙事」之「事」四庫本作「字」。「文苑英華」四庫本「文」作「戚」。「掞天錄」四庫本「掞」作「搜」。「黃帝內經」四庫本著錄，《說郛》及海山本則歸於〈醫書類〉中。

醫書類：

「唐王冰啓玄子」四庫本作「唐王冰六脈玄珠」。「傷寒證法」四庫本無「證」字。「失肱活人書」四庫及海山本「失」作「朱」。「氣運鈔」四庫本「鈔」作「錄」。「靈苑方」四庫本「方」作「子」。「旅舍備急方」海山本「急」作「要」。「資生方」及「活人名方」二書四庫本無著錄。

別集類：

「宋武帝集」四庫本「宋」作「魏」。「簡文帝集并詩」海山本集、詩分開成二。
「陶弘景集」海山本「弘」作「宏」。「沈炯集」四庫本「炯」作「坰」。「王勛
東皋子集」四庫本「勛」作「績」。「黃璞霧居子」海山本「子」作「集」。「李
公武集」四庫本「公」作「光」。「劉叉集」四庫本「叉」作「義」。「鮑溶」海
山本無著錄、四庫本「溶」作「容」。「丘爲集」四庫本「丘」作「江」。「王操
集」四庫本「操」作「藻」。「孟賓于集」四庫本作「孟濱子集」。「孟歸唐集」
四庫本無「歸」字。「許用晦」、「沈下賢」及「王無功集」三書海山本均無著錄。
「王勃集」、「孫逖集」及「羅昭諫集」四庫本皆無著錄，海山本則前二書無著
錄。「李頎集」四庫本「頎」作「順」。「竇華集」四庫本「華」作「鞏」。「崔國
符集」四庫本「符」作「輔」。「柳倓集」四庫本「倓」作「談」。「顧佐鎔集」
四庫本「佐」作「在」。「王涯詩又宮詞」海山本詩詞分開成二書。「趙嘏渭南集」
四庫本無「渭南」二字。「戎昱集」、「司空圖集」、「大曆浙東聯句」三書海山本
均無著錄，四庫本則無「戎昱集」。「汪藻集」四庫本「汪」作「任」。「右臺集」
四庫本「臺」作「召」。「孟貫集」四庫本「貫」作「實」。「司馬禮集」四庫本
「禮」作「札」。「皇甫曾集」四庫本無著錄。「周繇集」四庫本「繇」作「系」。
「熊登集」四庫本增字成「熊孺登集」。「崔顥集」四庫本只錄其一，未見重複。
「田錫咸平集」四庫本「咸」作「臧」。「楊文公武夷集」、「又別集」四庫本合
一。「李邯鄲書殿集」、「又筆語」四庫本合一。「蘇魏公集」海山本「蘇」作「韓」。
「王原叔遺文」四庫本「叔」作「州」。「鄭介夫西塘集」海山本「介」作「錢」。
「毛澤民集」四庫本「毛」作「王」。「蔡天啓浮玉集」、「又丹陽集」四庫本合
一，而以後書爲小注。「馬子才集」四庫本「子」作「之」。「黃長睿東觀餘論」
四庫本「睿」作「壽」字。「韓子蒼陵陽集」四庫本「蒼」作「昌」。「鮑欽心集」
四庫本「心」作「正」。「秦會之表奏集」四庫及海山本均無「奏」字。「周少隱
稊米集」四庫本「少」作「孝」、「稊」作「梯」。「孫叔諧內外制」海山本「諧」
作「蹭」。「綦叔厚內外制」四庫本無著錄。「林伯仁集」四庫本「林」作「相」。
「陳邦光集」四庫本「光」作「先」。「畢良史集」、「又繙經堂詩」四庫本合一。
「倪綺川集」四庫本增字成「倪侙綺川集」，海山本則於「侙」字處標口。「葛
謙問歸愚集」四庫本「愚」作「歟」。「李吉光集」海山本「光」作「先」。「李
直言集」四庫本「直」作「宜」。「仲彌性集」之「性」、「曾覿蓮社集」之「社」、
「陳簡齋詩」之「齋」四庫本皆無。「洪景盧內外制」四庫本「洪」作「溫」。「鄭
諶詩」四庫本「諶」作「湛」。「朱喬年玉瀾集」海山本「喬」作「逢」，四庫本
「瀾」作「潤」。「蘭齋岳陽紀詠」四庫本「紀」作「純」。

章奏類：

「孫威敏奏議」海山本「敏」作「明」。「王岩叟大名餘稿」、「又奏議」四庫本合一。「李公擇奏議」四庫本「擇」作「繹」。「鐵肝御史奏議」四庫本「肝」作「腳」。「陳簡樂奏議」海山本「簡」作「聞」，四庫本則作「間」。「章且叟奏議」四庫本「且」作「直」。「石侍御風憲集」四庫本無「御」字。

總集類：

「晁氏定楚詞」四庫本「晁」作「趙」。「太平內制」四庫本「內」作「西」。「唐賢長策」四庫本作「唐良表」。「唐臨淮尺牘」四庫及海山本「牘」作「題」。「宏詞總類」海山本作「宏詞類總」。「楊州集又賦」海山本析為二。「許昌倡和集」四庫本「昌」作「偶」。「汝川圖集」四庫本「川」作「州」。「石鼓山詩」四庫本增字成「石鼓山壽詩」。「小洞庭前後集」四庫及海山本皆增「有」字成「小有洞庭前後集」。「江夏紀詠」四庫及海山本「詠」作「咏」。

文史類：

「晉李充翰林論」四庫本「充」作「允」。「詩史總目正異」四庫本「異」作「要」。「黃微詩話」四庫本「微」作「徹」。「烏臺詩話」海山本「話」作「案」。

樂曲類：

並無不同處，而其著錄亦最少，僅十四部。

經過以上繁瑣之比對後，吾人發現《四庫》本所記與《說郛》及《海山仙館叢書》本所記差異較多，而其與二本之差異亦不乏登錄錯誤之處；如〈文史類〉「晉李充翰林論」一書，四庫本竟題「李允」。又如〈儒家類〉「荀悅申鑒」一書，四庫本則題為「荀忱」。再如〈本朝雜史〉「亂華編」一書，四庫本則作「辭筆編」，今觀其書名與類目之關係，「辭筆」應為文事，而入史部，理未恰也，顯然四庫所著錄有誤；以所論推知四庫本之差異實為可疑，未可遽信，此蓋為目觀手繕之差誤乎？

《遂初堂書目》傳本常見者殆此四種，餘如丁丙所藏，德化李氏所藏，清末各藏書家抄本等，非為湮滅，即存大陸神州，今皆不易得見。窮搜闚論，闡微發精，則更有待來者。

第四節　特色及影響

尤袤《遂初堂書目》與同時之藏書目錄有相當的差異及特點，此或許因尤袤個

性所致，亦有現實環境因素使然。今即條述其特色如下：

一、首創目錄兼載板本之例

　　尤袤身處板刻印刷興盛的南宋時期，雕板屢新，書刻層出，再積北宋善本之遺，其同書異板之情形普遍，袤爲編目成書，使不致混淆板本、能釐清所藏，故標明板本於書名之上。首開目錄書標明板本之例，大爲提昇板本於目錄學上之地位。自尤袤開創此例後，歷代頗有受其影響而特重板本者；明代嘉靖時晁瑮編有《寶文堂書目》，於書名下偶註所藏爲何刻本。明末清初藏書家特重宋元版，清代著名之書目多有著明板本之習，如毛扆（斧季）《汲古閣珍藏秘本書目》專記宋元版，錢謙益《絳雲樓書目》偶註板本，季振宜《季滄葦藏書目》、錢曾《述古堂書目》皆專別有宋板書目、徐乾學《傳是樓宋元本書目》更直接以板本專名稱其書目，而秦恩復《石研齋書目》依顧廣圻序知推廣《尤目》之法，亦備注明所藏各書板本，至於官修書目則有《天祿琳瑯書目》及續編仿《尤目》一書兼載數本之例〔註 5〕。嘉慶後藏書家之編目率多注明板本，板本標注已成一必備之體，惟標注內容繁簡詳疏不同耳。今日板本一體已爲學術專科，與目錄學並駕齊驅，相輔相成，而南宋尤袤啟發創例之功實爲先導。

二、循例兼創新之部目分類

　　《尤目》於分類上乃大體依襲《隋志》而來之舊，而又應實際藏量及學術現實而加以創類或合併。其目共分四十四類而實依四部爲序，其所創新之類或合併之法皆影響及於後世；首先〈經總類〉雖雷同於〈經解類〉或〈五經總義類〉，然《尤目》獨立成類及置之經部之首二舉卻異於往前，符合後世編目之法。雖無書目完全仿之，然其先覺之舉卻與現代相合。史部的〈國史〉、〈本朝雜史〉、〈本朝故事〉及〈本朝雜傳〉因書多而爲尤袤獨立成類，爲當代史創置類目。子部類目則爲尤袤所影響後世分類最鉅者，其〈雜家〉一類兼收〈法家〉、〈名家〉、〈墨家〉、〈縱橫家〉四類，雖於學術系統上破壞部次，淆亂體例，然符合現實及後世收藏之情，故爲後世書目所採用，《明史‧藝文志》、《四庫全書總目》等皆從之，並此後遵循不改，影響及於今。又〈雜藝〉、〈譜錄〉新創之類以收無類可收之書，爲例可取，深爲《四庫提要》所讚，影響四庫

〔註 5〕《天祿琳琅書目》及《續編四庫簡明目錄》云：「其目以經史子集爲綱，書則以刊版朝代爲次，一書而載數本，用《遂初堂書目》例。」

分類。集部所增之〈章奏類〉影響到《直齋書錄解題》、《四庫總目》等，而一樣新增之〈樂曲類〉亦有相同影響，皆爲後世分類上之先導，後續爲之補缺而成完善。故綜言《尤目》分類雖多因襲，亦有創新，對後世頗有影響。

三、書目中之藏書多爲抄本

《家譜》本傳云：「公平居無事，日取古人書錄之，家人女稚莫不識字，共著三千餘部，建萬卷藏書樓」而楊萬里〈益齋藏書目序〉所言更爲深刻：「延之於書靡不觀，觀書靡不記……延之每退則閉戶謝客，日計手抄若干古書……其子女亦抄書……其諸女亦抄書」則以此知《尤目》所藏多爲抄本。按抄書之風爲當時所盛行，非惟尤袤如此也。兩宋雖雕板印刷已極普遍，然繕書之風不衰，且時有所載。如蘇軾謂曾見老儒先生，自言其少時欲求《史記》、《漢書》而不可得，幸而得之，皆手自書（李氏山房記）。王欽臣每得一書必校閱後抄寫一份，號爲「鎭庫書」，非己不得見。南宋則有鄭樵四處搜訪，抄錄圖書數千卷。最著名的陳振孫亦曾抄錄夾漈鄭氏、方氏、林氏、吳氏之藏書達萬卷。尤袤與之相異而特出者乃得借閱三館內閣之書而抄之，協以弟子諸女之力，故所抄特勤且眾，得爲當世藏書之冠，實非虛譽。

四、注意收藏善本

《遂初堂書目》標注有二十三種版本，共五十一部書，僅佔全書百分之一強，略嫌太少，然經仔細盤察始知尤袤所標出之版本圖書幾爲當時之善本，率皆精校精刻而傳世者。葉德輝《書林清話》稱《尤目》所收版本「大約皆州郡公使庫本也」，則地方官支領公使庫錢刻印之書，必爲精校後之善本。在觀《尤目》中標注之版本，於當時普遍存在之建本無一著錄，而建本乃爲校刻皆較差之圖書；岳珂作〈九經三傳沿革例〉，在考完二十三種版本之後，推監本爲善本之首。又葉夢得亦云：「天下印書以杭州爲上，蜀本次之、福建最下」。建本即爲福建所出。可知尤袤不爲普通本作標注，相對的，《尤目》所標示的非杭本即蜀本，皆爲善本也，如舊監本諸經，川本諸史、杭本及舊杭本經史等皆爲宋刻中之上品。喬衍琯《宋代書目考》稱「所記板本，以浙江所刻最多，所謂舊監本、舊杭本以及舊本，應都是北宋刻本」亦可知所藏之善。此外如高麗本《尙書》，秘閣本《山海經》、朱墨本《神宗實錄》和《蜀石經》均爲當時珍本，則尤袤注重善本珍本之心昭若明鏡，不言自顯。葉德輝《書林清話》卷十所稱誠爲明證，其云：

　　　　然其癖好宋本之心亦云至矣，因思古人亦必有之，如宋尤袤《遂初堂
　　　書目》，臚載舊監本、秘閣本、杭本、舊杭本、越本、越州本、江西本、
　　　吉州本、嚴州本、湖北本、川本、池州本、京本、高麗本，而南宋中盛行
　　　之建本、婺州本，絕不一載，豈非以當時恆見之本而遂不入於目歟？（〈藏
　　　書偏好宋元刻之癖〉）

尤袤此種嗜好宋刻善本、稀世珍本之習，影響亦及於後世，尤其有清一朝最著，毛
扆首倡宋元舊刻，爾後季振宜、錢曾、徐乾學等繼之。則尤袤亦可算是開啟重視宋
版風氣之先者。

五、重視史書

　　《遂初堂書目》史部著錄之書籍共計九八〇部，居四部數量之冠，亦較同期藏
書目錄所藏爲多，如《崇文總目》收史書六五五部，《郡齋讀書志》則只收二八三部
而已。究其史書特多之因蓋爲多次兼任國史院編修之故，得閱覽抄書以益收藏。《尤
目》所收多種史籍皆有數種版本，如《史記》有川本、嚴州本兩種，《前漢書》有川
本、吉州本、越州本、湖北本四種，《後漢書》有川本、越本兩種，《舊唐書》有舊
杭本、川小字本、川大字本三種，《戰國策》有舊杭本、姚氏本及尤袤親自校讎之遂
初先生手校本三種。而於史書中除著錄各種版本外，特別著重在當代史書之著錄收
藏：首先於分類上增設〈國史〉、〈本朝雜史〉、〈本朝雜傳〉、〈本朝故事〉四類來專
收本朝史，共達二八四部，較〈正史〉、〈編年〉、〈雜史〉、〈雜傳〉、〈故事〉等正常
編類總和二〇一部還多。又〈實錄類〉收書共二二部，其中〈本朝實錄〉占有十四
部。〈刑法類〉收書三一部，本朝刑統、條例就有二六部之多。足見《尤目》類目所
錄過半爲本朝史書。而尤袤長期居內宮，爲侍讀侍講，得孝宗光宗器重，使其有機
會進一步閱覽大量的宮廷內部檔案，如《尤目》中〈國史〉、〈寶訓〉、〈日曆〉、〈起
居注〉、〈實錄〉、〈會計錄〉、〈詔旨〉、〈御批〉等搜集頗眾，特別在國史方面，北宋
九朝史基本齊備了：「三朝國史」收太祖、太宗、眞宗，「兩朝國史」收仁宗、英宗，
「四朝國史」收神宗、哲宗、徽宗、欽宗。不僅九朝實錄完備，且有不同版本供參
較，如《神宗實錄》有三種版本。此外〈圖經〉、〈方志〉收藏亦富，不下百種。以
此絕對的豐富數量，就連史志亦望塵莫及，更何況私家所藏呢？故史書特多乃爲《尤
目》一大特色。

六、富藏法書

陳振孫《直齋書錄解題》於《遂初堂書目》稱曰「藏書至多，法書尤富」，今觀《尤目》著錄有三十多部書錄、畫錄，分別著錄於〈小學類〉、〈目錄類〉、〈雜藝類〉及〈譜錄類〉中。今再從其他記載亦可證尤袤愛好收藏研究墨跡法書。《誠齋集》載有尤袤與沈虞卿、楊萬里辨識王順伯所藏歐陽修《集古錄序》，至夜不倦之情形，又有光宗賜手書予袤等五人及袤藏有光堯御書墨跡之載。《盤洲文集》則記其刻刊《隸續》之事。王明清《揮麈三錄》更明載尤袤於法書領域之精湛。周必大亦曾跋其所藏法書之作。而《梁溪遺稿》更輯有跋蘭亭之作八首（詳〈尤袤之學術成就〉一章）。這些記載或事實都說明尤袤酷嗜法書古刻，嗜之既篤，研之亦精，無怪乎和王順伯知名於當時，而此亦為何《尤目》中「法書尤富」而特為陳氏所稱述了。

七、藏書皆為手藏目睹者

現存南宋私家藏書目錄惟晁公武《郡齋讀書志》、尤袤《遂初堂書目》及陳振孫《直齋書錄解題》三種，而《尤目》與《晁志》、《陳錄》皆有一特色，乃其收藏皆目睹或手藏方入書目，並非如後世就史志著錄而不必目睹，於此益知古人之質及古目之貴。周中孚《鄭堂讀書記》卷三十二記《遂初堂書目》即云：

> 然宋人書目如鄭氏之藝文略，止就史志舊目著錄，不必目驗，惟崇文目、讀書志、附志、書錄解題及是目俱就所見而著之，則亦彌可寶貴矣。

梁啟超《圖書大辭典》簿錄之部亦云：

> 晁志、陳錄、《尤目》所載皆手藏目睹之書，研究宋代載籍者，當視為主要資料，視史志尤足重也。

以此「目驗與否」之觀點而論，《尤目》當較《宋史·藝文志》為優。喬衍琯《宋代書目考》曾論及此云：

> 劉兆祐教授曾考《晁志》與《宋志》中同為一書，而書名題署歧異，尤以集部為多，如《宋志》〈劉敞集〉，《晁志》作〈劉公是集〉，《宋志》〈王珪集〉，《晁志》作〈華陽集〉等例。認為《宋志》殆多未見其書，但據傳記或其他記載傳錄。而《晁志》皆其所目驗，因而見《宋志》疏略，《晁志》詳確。用這一方法來看《尤目》，則近於《晁志》而比《宋志》好。可以為周中孚和梁啟超的說法做佐證。

其實以《宋志》著錄「遂安堂書目二卷」以稱《尤目》之誤足可見《宋志》之謬誤，

現佐以此論，更爲確定。雖然《尤目》較《宋志》好，但究竟還是太簡略，因無解題，不載卷數，又不全標著者姓名，使得後人利用困難。喬衍琯說明了後人利用之情形及往後利用的方式云：

> 《尤目》太簡略，很少人利用，只有偶然引證書名異同，是否著錄，去考一書在當時的存佚情形。要想發揮《尤目》的功用，宜做一番校證的工作，徵引以宋代爲主的各家書目，考其異同。(《宋代書目考》)

綜觀《遂初堂書目》各項特色影響，各有其背景原因，雖創新有其重要影響，值得讚許，然而亦有其他闕失之處，不可忽略，如體制太簡而無解題，明《文淵閣書目》的無著者姓名或即《尤目》作俑之過。後人無法加以善用此目亦爲一憾。然而瑕終不掩瑜，此目仍有其不可磨滅的地位，《四庫提要》即就優劣評述後並評價其文云：

> 其子部別立〈譜錄〉一門，以收香譜、石譜、蟹譜之無可附者，爲例最善。間有分類未安者，如《元經》本史而入儒家，《錦帶》本類書而入農家，《琵琶錄》本雜藝而入樂之類。亦有一書偶然複見者，如《大歷浙東聯句》一入別集，一入總集之類。又有姓名訛異者，如《玉瀾集》本朱槔作而稱朱喬年之類。然宋人目錄存於今者，《崇文總目》已無完書，惟此與晁公武志爲最古，固考證家之所必稽矣。

此論與周中孚、梁啓超所言相合，《尤目》非僅限於藏書目而已，亦兼爲宋籍史料之珍。後世研究版本目錄或宋籍者切勿疏略此書。

第五章 尤袤之學術成就

　　尤袤一生篤嗜學術，從詩文創作、經籍研考、撰修〈國史〉、護衛道學到抄書藏書，圖錄收藏等事實，吾人應將其學術生涯作一較完整之探討。然於探討之前，吾人將先敘述其思想性格，使其學術成就有一根源可溯，並以此更見尤袤之原貌。

　　依《宋史》尤袤本傳之敘述觀之，尤袤為一傳統循吏，恪遵禮法，行事有節，思想上趨於保守。黃燕生〈宋代藏書家尤袤〉一文即言：

> 尤袤在歷史上是一位封建循吏，《宋史》本傳對他的讚譽，主要集中
> 在三個方面：（一）扶農桑，（二）恪禮儀，（三）揚道學，他深為封建統
> 治者所賞識，宋孝宗親口對尤袤說：如卿才識、近世罕有。

再觀〈節愛堂記〉，其尊奉前人經營，不易更改之記載，更可藉以了解尤袤思想之雛型。其行文云：

> 夫昔人經始莫不相山川之宜，度面勢之便，其所建立，如紀綱法
> 度井井然，悉有條理，一定而不可易。後人見其敝而不能復也，始出己
> 意變更之，易其東則西廢，撤其左而右病，遂使昔之勝概日就湮沒，今
> 余非能有所增創也，大抵無改前規，無廢後觀，便覺天宇開明，巖壑增
> 秀，林木水鳥皆有喜色，而後知昔人之規模可因而不可變。

就連其生平所重之藏書，亦持保守頑固之作風。所藏之書不輕易出示於人，故所藏雖富且善，然終因流通滯礙及藏樓火劫，其書鮮見於今。毛扆〈遂初堂書序〉可知：

> 晉陵尤延之，始自青衿，迨夫白首，嗜好既篤，網羅斯備，日增月益，
> 晝誦夕思，重之不以借人，新若未嘗觸手。

尤袤此種保守的自我中心思想，當然影響到他的政治處事原則及自我學術理念。在政事處理上，在地方為政時，擢稱前賢，建築循舊，如尤袤有思賢堂三贊，更有復

修台州各亭閣之舉。在臨安爲臣時，遇國事爭議，輒引經據典，擇善固執，如高宗崩後定廟號之議，又如斥釋老之教非宮廷之用，宜一切禁止之奏事，此皆足以反映尤袤思想之實，故《宋史》論贊於袤稱云：「尤袤學本程頤，可謂老成典刑者，立朝抗論，與人主爭是非，不允不已而能令終完節、難矣」，「老成典刑」正爲尤袤思想最佳寫照。再看尤袤自我學術探究方面，首先他取號「遂初」就是其保守自我思想之源流所在。其取傚晉孫綽書〈遂初賦〉以見清風高志，實現自我理想，故號「遂初」，然因中國儒士本身在現實和理想間的矛盾衝突，並沒有使尤袤遂其初願，且因國事鬱疾而終。但值得慶幸的是尤袤仍於居官爲臣時，常常實踐他的理想：藏書校讎、刊印古籍等，使我們於今仍可得其學術冰山之一角。前述的藏書不易示人亦爲其保守一面，此保守思想使其藏書之富或不爲時人所知。周密《齊東野語》述歷代藏書家云：「近年直齋陳氏書最多」，即對尤氏藏書並無知悉，然依陳振孫《書錄解題》言，尤袤其藏書爲近世冠。則可知其藏書在其保守思想下，較鮮爲人知。

雖然尤袤基本上之思想爲傳統典型之性格，然亦會因時勢之所趨而因勢利導，並非全無轉圜之餘地。如淳熙十四、五年間，因高宗之崩而對於金國遣使來會之事，尤袤即主張因變從權，其〈論賀正使不當卻疏〉一文云：

> 祖宗以來，雖喪制未有不引見使，亦無不受禮物之文，前朝諸臣豈不知不當受，而所以不免從權者，以爲既已通好，不當無事而使之疑也，況元日朝會俱罷，初無賀儀幣物，所以將書亦非慶禮，萬一使客必欲如禮而去，則徒爲紛紛。在禮有反經而從權者，正爲是也，臣等以爲當受。

「在禮有反經而從權者」一句足證尤袤轉圜的通變思想。

最後，吾人於尤袤傳統思想下，來看看尤袤行事有節，奉舊守前之治國策略爲何？因資料所限，只能探討地方官吏的治理之道了。尤袤於〈臨海縣重建縣治記〉一文中以聚財有方，用民有節，舉事有漸之儉、仁、智三點來說明其爲吏之法，條理分明，義理嚴正。今舉其文以觀之：

> 夫聚財有方，用民有節，舉事有漸，顧何往而不濟哉。予嘗謂今之士莫難於爲邑，弱者不足以有爲，而健者或以病民，幸而得強弱之中，則積負困之，姦民撓之，欲興事造業，有其志而不克成者多矣，又幸而不爲積負之所困，姦民之所撓，而在上者或不察，不得自展其才者亦多矣。當君之始至賦亂政庬，隱戶移稅，弗可究詰，乃考質劑而正疆理，逋租匿役，披露首服，吏姦民瘝，檢柅濟理，田野觀呼，訟日以簡，故能不困於積負，不撓於姦民，不抑於當路，而興舊起廢，不擾而集，非庶幾於古之所謂循吏者乎。夫哀聚贏羨於單乏之餘可以觀儉，謹用民力於偪仄之中可以觀

仁，積累工役於遲久之後可以觀智，是皆足以爲吏法而不可使之無傳。

尤袤於文中舉「古之所謂循吏者」爲其吏之標的，則可見尤袤本身所爲之目標亦在此，再配合尤袤文學創作平淡的風格，我們可了解到尤袤不是一個積極奮進的開創者，而是一個守成平實的繼承者，能有如此的觀念，再去探討尤袤的各項學術研究或行事，比較能得其精要。

第一節　經　學

就尤袤現存之資料而言，尤袤曾涉及者有《詩經》、《易經》、《禮經》三方面，今分別就僅有記載敘述之：

一、詩　學

尤袤於《詩經》之見解主要見〈呂氏家塾讀詩記跋〉文（已載〈事蹟繫年〉淳熙九年中），他認爲《詩經》乃先王所以厚人倫、美教化之遺文，君子所以事君事父之依據。又言後學者欲求詩人之意於千載之後乃不易之事，故易成議論紛紜之勢。

《遂初堂書目》中〈詩類〉錄有二十一部，最末著錄者即爲《呂氏讀詩記》。以此二十一部書之數和《易》、《禮》二經之收數相較，顯然嫌少。或許尤袤於《詩》未嘗進行深入之探討，故其著錄及發表之文亦相對鮮少。

二、易　學

尤袤於《易經》之認識及研究似較《詩經》爲深刻，此可由楊萬里《誠齋集》所載證之。蓋萬里晚年作《易傳》，曾請益尤袤，尤袤有些許改正，萬里皆欣然接受，且謝其賜正。事載《誠齋集》卷六十七〈答袁機仲寄示易解書〉一文：

> 嘗出屯蒙以降八卦於尤延之矣，延之愛我，不我棄也，皆有所竄定焉，
> 某皆聽從而改之焉，事以樂爲延之出而忘其瀆焉。

尤袤除於《易經》內蘊有所鑽研外，於各家《易傳》之參較亦費心頗多。袤本欲刊行呂東萊《古周易》，然經審閱，發現雷同於呂大防《周易古經》，於是與當時亦爲周易學者呂斗南書，論說此事，其書信載於吳仁傑《周易古經》：

> 頃得呂東萊所定《古易》一編，朱元晦爲之跋，當以板行，乃與左右
> 所刊呂汲公古經無毫髮異，而東萊不及微仲，嘗編此書，豈偶然同邪？

尤袤於懷疑之中，似下呂東萊抄襲之論。《遂初堂書目》〈周易類〉著錄八十一部，中有《誠齋易傳》及《呂氏古周易》，此呂氏據前所述當爲呂大防。又有《玉泉易解》

及楊龜山《易傳》二書，喻樗乃尤袤從游之師，楊時又為喻樗之師，則此二書對於尤袤易學的見解應當有某種程度的影響。

三、禮　學

據《宋史》尤袤傳云：「自南渡來，恤禮散失，事出倉卒，上下罔措，每有討論，悉付之袤，斟酌損益，便於今而不戾於古」則知尤袤深諳禮學。如定高宗廟號事，袤同禮官顏師魯等以廟制、禮義二點來定「高宗」之號，終得禮部及太常寺之同意。又如定喪制、議配享甚至內禪制冊，尤袤皆自有主張依據，駕輕就熟，故至光宗立朝，旋召為禮部尚書。《無錫金匱縣志》則載袤有《周禮辨義》之著，其書不見於今，然以《宋史》之載，吾人確信袤曾撰作此書。《宋史》又載其作有《內外制》三十卷，此作內容相信亦包含有尤袤對於禮學制度之見解。察《遂初堂書目》〈禮類〉共著錄五十九部，其中多有北宋禮書，如《政和冠昏喪祭儀》、《政和五禮新儀》、《政和五禮新儀撮要》，這些禮書勢必與南渡後禮制有不符之處，袤於撰作制度條文時，定有參較其書，方能「便於今而不戾於古」，使人「服其雅正」。又書目中有《龜山中庸解》、《玉泉中庸大學》，尤袤無中庸、大學之見解著作存於今。

第二節　史　學

尤袤於史學方面貢獻亦多，以其長年居撰修史職，又好收藏異本之故，對於史學當然有較深入之了解，尤其是切身所居之宋朝。

《宋史》李燾本傳曾載李燾薦尤袤等十人為史官，而李燾本身長於史學，曾撰《續資治通鑑長編》九八○卷，博覽群書，熟悉掌故，其肯薦袤等人為史官，想必袤等人學識才能為李燾所賞識。事實上，尤袤從政仕宦以來，兼修史之職時有所載。考《南宋館閣錄》及《續錄》所載，其兼修史之職及時間如下：

乾道七年：兼國史院編修官及實錄院檢討官

乾道八年：兼實錄院檢討官

淳熙十一年：兼國史院編修官

淳熙十三年：兼國史院編修官

淳熙十四年：兼國史院編修官

淳熙十五年：兼同修國史及實錄院同修撰

以此多年撰史經驗，尤袤於史學撰述之義例當有充分之研究。朱熹給尤袤的書信中，即曾討論到所撰《通鑑綱目》載揚雄、荀彧二事之史筆義例。《晦庵集》卷三

十七答尤延之：

> 蒙教揚雄、荀彧二事，按溫公舊例，凡莽臣皆書死，如太師王舜之類，獨於揚雄匿其所受莽朝官稱而以卒書，似涉曲筆不免卻，按本例書之曰莽大夫揚雄死，以為足以警夫畏死失節之流，而初亦未改溫公直筆之正例也。荀彧卻是漢侍中光祿大夫，而參丞相軍事，其死乃是自殺，故但據實書之曰某官某人自殺，而系於曹操繫孫權至濡須之下，非故以彧為漢臣也，然悉書其官亦見其實漢天子近臣，而附賊不忠之罪非與其為漢臣也。此等處當時極費，區處不審，竟得免於後世之公論否，胡氏論彧為操謀臣，而劫遷九錫二事皆為董昭先發，故欲少緩九錫之議，以俟它日徐自發之。其不遂而自殺乃劉穆之之類，而宋齊丘於南唐事亦相似此論，竊謂得彧之情。不審尊意以為何如？

又

> 垂諭揚雄事，足見君子以恕待物之心，區區鄙意正以其與王舜之徒所以事莽者雖異，而其為事莽則同，故竊取趙盾許止之例，而概以莽臣書之所以著萬世臣子之戒，明雖無臣賊之心，但畏死貪生而有其跡，則亦不免於誅絕之罪，此正春秋謹嚴之法，若溫公之變例則不知何所據。依晚學愚昧，實有所不敢從也，不審尊意以為如何，如未中理，卻望垂教也。

觀上二篇，知尤袤乃對朱熹《通鑑綱目》載揚雄、荀彧二人之條文有所疑義，袤意揚雄雖入王莽之臣，然非真心，不得曰「死」，意仍歐公之舊。至如荀彧，袤意實漢之叛臣，而熹卻書漢之官稱，於此詢疑之。今袤書信不傳，無從知其詳情，然依晦庵所載，當不致曲其意旨。觀二人所論，知二人所持觀點非盡相同，然此或許可由二人之個性思想來說明何以致此？袤個性保守依舊據典而熹性創新立說，故有以異也。

　　袤居撰修官久，故於史籍之各種板本，見識頗多，加上袤好抄書藏書，故其《遂初堂書目》所著錄之史書多有異本，可供參照比較，尤其以〈正史類〉最多，此板本異本的著錄於目錄學上創造新的體例，此創舉或許部份該歸功於史官修撰之職吧！而正因異本眾多之故，尤袤於參較互閱之下，亦曾校讎勘正，如〈雜史類〉有《遂初先生手校戰國策》一書，同類著錄有舊杭本《戰國策》、姚氏本《戰國策》、鮑氏注《戰國策》、《戰國策補註》。又因兼修史之便，得閱大量史書，並抄之以收藏於其萬卷樓，故《遂初堂書目》所著錄史部之書數量最多，多達九八○部，為四部之冠。而為因應此龐大數量之史籍，尤袤於分類上作了不同往昔的分類法，他於傳統史部分類上增設〈國史〉、〈本朝雜史〉、〈本朝故事〉、〈本朝雜傳〉四類，首次為當代史

創立類目。詳情可參閱《遂初堂書目》之體制及傳本一章。

尤袤因時兼實錄院修撰，故其〈實錄類〉之著錄頗多，甚且有異本實錄——朱墨本《神宗實錄》之出現。於上述所述諸項，知尤袤之史學見識根源於多次兼修撰史官之職，並以此豐富其藏書數量及內容。此即為尤袤史學之概要。

第三節　理　學

尤袤遠承程氏理學，語載《宋史》本傳：「袤少從喻樗、汪應辰游，樗學於楊時，時、程頤高弟也」。並以所學傳承後生，《家譜》本傳云：「公少從喻玉泉游，得楊龜山之學，門人李祥、蔣重珍皆公造就為大儒」。此一理學傳承系統，深受江蘇地方人氏所尊。因尤袤、蔣重珍之功成學就，相對的令當地人氏推崇學脈淵源，吳地講求理學者皆以喻樗、尤袤、李祥、蔣重珍為宗師，號為「喻尤李蔣」。且建祠堂祀之，楊時因得傳承先師之名，亦位列其中，吳郡之五賢祠即祀此理學五賢。《家譜》本傳有云：

> 吳人推理學者必曰喻尤李蔣，今郡五賢祠、邑崇正書院並祀云。

尤袤族後尤棟〈重建五先生祠堂記〉一文，於此理學傳承之關係，敘之尤詳：

> 惟堯舜文武周公孔子孟氏所傳之道至河南二程夫子，而復傳而龜山，先生蓋受學於二程夫子，昔伊川自涪歸，獨稱楊謝，長進使其學少變於凋落之餘，詎有是言哉，慨思龜山載道東南，士之遊先生之門者甚眾，玉泉乃登其門而能續程夫子之道，遂初不及登其門而從玉泉學，亦能續程夫子之道，小山、實齋二公固不及登龜山之門，又不及從玉泉學，因龜山玉泉二先生論孟中庸大學之遺言而皆能續程夫子之道。故玉泉得之而主紹興之正論，遂初得之而為乾淳之老濡，小山得之而居慶元之學黨，實齋得之而號端平之善類。

依上載可知尤袤傳授李、蔣二人乃以《遂初目》所藏之《龜山中庸解》、《玉泉中庸大學》、《龜山論語解》等書。此外，李曾伯通淮西尤帥漕一文亦言其學承武夷洛學，文云：

> 巨哲經國，遠猷文獻典型，蔚有乾道淳熙之舊，淵源師友，親承武夷洛學之傳。

以上所述，在在說明尤袤之理學傳承及地位，而其於理學之論說惟見《宋史》本傳，其以廉介、恬退、踐履、名節為道學（理學）之實質，並勸世人須循名責實，聽言

觀行。深爲後人所識。其文云：

> 方乾道、淳熙間，程氏學稍振，忌之者目爲道學，將攻之，袤在掖垣，
> 首言：夫道學者，堯舜所以帝，禹湯武所以王，周公、孔、孟所以設教，
> 近立此名，詆訾士君子，故臨財不苟得所謂廉介，安貧守分所謂恬退，擇
> 言顧行所謂踐履，行己有恥所謂名節，皆目之爲道學，此名一立，賢人君
> 子欲自見於世，一舉足且入其中，俱無得免，此豈盛世所宜有？願徇名必
> 責其實，聽言必觀其行。人才庶不壞於疑似（《宋史》卷三八九）。

此文一出，孝宗大加讚賞。《宋元學案》將之列入〈龜山學案〉，並有其語曰「仕
而報怨，私也。仕而報恩，亦私也」。可見其剛直之作風。又因從汪應辰游，故
亦入〈玉山學案〉。

第四節　文　學

　　尤袤之文學成就最顯著者，即其位列南宋四大家之一。南宋四家承北宋江西詩
派餘風，然因宋室南渡之現實環境等之影響而各有新變，加以四人個性迥異，故又
各具特色。由尤袤對當時名家所下之評論，可知其超脫江西藩籬之風，語載姜夔〈白
石道人詩集自序〉：

> 先生（指尤袤）因爲余言：近世人士，喜宗江西，溫潤有如范致能者
> 乎？痛快有如楊廷秀者乎？高古如蕭東夫，俊逸如陸務觀，是皆自出機
> 軸，豈有可觀者，又奚以江西爲？

而尤袤本身之文學特色，依各記載所言，蓋爲平淡細膩、清新自然。方回〈跋尤袤
詩〉即云：

> 公與石湖，冠冕佩玉，度騷媲雅，蓋皆胸中貯萬卷書，今古流動，是
> 惟無出，出則自然（《桐江集》卷二）。

又〈讀張功父南湖集序〉云：

> 梁溪之槁淡細膩，誠齋之飛動馳擲，石湖之典雅標致，放翁之豪蕩豐
> 腴，各擅一長（《桐江續集》卷八）。

楊萬里〈序蕭德藻千巖摘詩〉亦云：

> 余嘗論近世之詩人，若范石湖之清新，尤梁溪之平淡，陸放翁之敷腴，
> 蕭千巖之工致，皆余之所畏者也（《誠齋集》卷八十一）。

雖然尤詩大多平淡，然亦不乏積極關懷社會之作，《三朝北盟會編》所錄之五古淮民

謠，即反映了民生疾苦。

歷代以來評尤袤者皆以其詩，蓋因其南宋四家之名故也。楊萬里《誠齋詩話》有列其所讚之句云：

> 自隆興以來，以詩名林謙之、范至能、陸務觀、尤延之、蕭東夫⋯⋯
> 延之有云：去年江南荒，趁逐過江北，江北不可住，江南歸未得。有寄友
> 人云：胸中襞積千般事，到得相逢一語無。又台州秩滿而歸云：送客漸稀
> 城漸遠，歸途應減兩三程。

《石洲詩話》卷四則稱〈遊張公洞五古長篇〉云：

> 《梁溪集》詩亦平雅，其〈遊張公洞五古長篇〉，雖不及香山，尚較皮陸
> 有實際。

莫伯驥《五十萬卷樓藏書目》〈遂初堂書目〉條下引《續清言》云：

> 延之潛心理蘊，所著《梁溪集》長短句尤工，其詠落梅瑞鷓鴣云：清
> 溪西畔小橋東，落月紛紛水映空，五夜客愁花片裏，一年春事角聲中，歌
> 殘玉樹人何在，舞破香山曲未終，卻憶孤山醉歸路，馬蹄香雪襯東風。

除歷代讚許尤袤詩篇之記載外，楊萬里《誠齋詩話》亦載有尤袤盛讚或吟誦他人之詩篇者：

> 尤延之嘗誦吳則禮詩：華館相望接使星，長淮南北已休兵，便須買酒
> 催行樂，更覓何時是太平，滿船賣了洞庭柑，雪色新裁白紵衫，喚得吳姬
> 同一醉，春風相送過江南。又：楓葉蘆花滿釣船，水風清處枕琴眠，覺來
> 失卻瀟湘月，卻問青山覓酒錢。

觀吳則禮之詩，逍遙之中帶有憂國之心，其詩風和尤袤相似，難怪尤袤誦之不已。此外，又有尤袤四六之愛：

> 尤延之嘗舉前輩四六有云：秉圭執璧，禮天地之神祇，潔粢豐盛，報
> 祖宗功德。謂其不造語而體面大。又嘗愛子由行詞有云：養德丘園，本無
> 求於當世，書名史策，恍若疑其古人（《誠齋集》卷百十四）。

以上討論皆為詩篇。今就其詩之形式言有五律，五絕，五古，七律，七絕，更有少見之六字句——米敷文瀟湘圖二首，尤袤傳世雖無四六之作，然其好四六句，誠齋則已述之，故其創作體裁亦甚廣大，不受拘束。

歷代論袤之文學者多以詩篇著眼，然今觀尤袤散文遺作，亦甚突出。其散文行文語氣多類秦漢之風，對句工整，論理井然，字句簡鍊。最為史籍所載者——〈攻道學之非疏文〉即為一例，此外《梁谿遺稿》文中亦多此風，如〈太行太上皇帝廟號疏〉二首言「質之典禮則不合，驗之人情則不順」之對句工整，〈臨海縣重建縣治

記〉「聚財有方，用民有節，舉事有漸，顧何往而不濟哉」之字句簡鍊及〈論賀正使不當卻疏〉之論理嚴謹等，都說明尤袤文章不亞於其詩詞之事實。

就尤袤遺世之散文言，體裁上有序跋文、記事文、贊文、上疏文、書信文等，如就已知之佚文言，則又增一銘文類。今就篇名繫於類目之下：

序跋文

雪巢小集序、跋蘭亭八首、朱逢年詩集序，米敷文瀟湘跋、昭明文選跋，呂氏家塾讀詩記跋、七君子帖跋文（已佚）、樵隱集序（已佚）

記事文

〈臨海縣重建縣治記〉、節愛堂記、霞起堂記、玉霄亭柱記、報恩光孝寺僧堂記、雪巢記、刑部郎官題名記。

贊　文

思賢堂三贊

奏疏文

太行太上皇帝廟號疏二首、獻皇太子書、論賀正使不當卻疏。

書信文

與吳斗南書。

銘　文

毛开墓誌銘（已佚）、朱弁墓誌銘（已佚）。

綜合以上對尤袤文學敘述，吾人知袤自孝宗隆興以來即享詩之盛名，後終入南宋四大家之林，後世論袤遂皆以其詩，而文終為所沒。袤之文學創作有《遂初小稿》六十七卷、《《梁溪集》》五十卷，今皆已佚，不知二者是否有重複者？清代尤袤裔孫尤侗輯有《梁谿遺稿》一卷，為現今僅存之袤集，吾人欲研究尤袤之作品悉以此為基本，雖寥寥數十篇章，然猶能見龍鸞之章采。《四庫全書總目》〈梁谿遺稿提要〉云：

> 然即今所存諸詩觀之，殘章斷簡尚足與三家抗行，以少見珍，彌增寶
> 惜，又烏可以殘賸棄歟？

所言甚是。

第五節　藏書及其他

尤袤一生酷嗜藏書，《遂初堂書目》即其心血經營之結晶，其收藏詳情皆已載《遂初堂書目》一章之中，蓋其收藏多抄本、多善本、重史書、多法書。多抄本乃

因家風之時習所致，多善本、重史書則兼任國史院編修官之職所致，而多法書則爲個人的特別嗜好。此四項特點中以嗜好法書爲尤袤個人主觀上不同於當代其他收藏家之處，故今特別拈出敘述：

尤袤於南宋當時，其喜好金石圖錄、書法碑刻之名已盡爲人知。楊萬里《誠齋集》卷二四〈跋王順伯所藏歐公集古錄序眞蹟註語〉有言：「遂初欣遇，尤延之、沈虞卿自號也。二公與順伯皆喜收碑刻，各自誇尙」。既然喜愛，則收藏自然豐碩，除《遂初堂書目》所著錄之外，尚有其他收錄可資述說者：

一、米元章天臨殿贊文

按王明清《揮麈三錄》卷三載有尤袤袖出文書之戲劇情節，已載於交友考王明清條文中，今不贅述。

二、蘇子美四時歌真蹟

按周必大文集卷十八有〈跋尤延之家藏蘇子美四時歌眞蹟〉一文，文云：「同進則妒賢嫉能，異世乃哀窮悼屈，古今殆一律也。使劉元瑜輩見子美詞翰于百年之後，則所謂一網之舉，安知不轉爲什襲之藏乎。」

三、光堯御書歌

按《誠齋集》卷二〇有〈跋尤延之右司所藏光堯御書歌〉一詩，詩前有序云：「光堯太上皇帝御書西漢書列傳，目上有璽文曰帝錄，臣袤得之以示臣萬里，萬里謹拜手稽首作歌，敬書于後。」

四、光宗御書嘗梅詩一首及梅雪詩三首

按《誠齋集》卷九八〈跋御書製梅雪詩記〉云：「今上皇帝陛下在東宮榮觀堂宴群僚日，既爲臣萬里親灑宸翰作「誠齋」二字，復書御製嘗梅詩一首五紙，將以分賜臣邲、臣端禮、臣揆、臣萬里、臣袤，……是歲冬，皇帝一日復命春坊臣特立，傳賜群僚以御製梅雪詩三首凡五紙。」

尤袤除喜善收藏書法古錄外，亦親濡字墨，樂此不疲，然今傳其手跡則鮮矣，僅存者只一二耳，但卻如同其《梁谿遺稿》般，彌足珍貴。呂祖謙〈呂氏家塾讀詩記跋〉文即尤袤傳今之手跡。《無錫金匱縣志》卷四十〈雜識〉則載有尤袤與父手書一則，云：

> 尤文簡書法高古，世不多覯，惟曾幼卿鳳墅帖載有文簡與其父無玷侍
> 郎手牘一則云：袤講聞高義之日久矣。得趙憲景明書說足下不容口，益起
> 思賢之念，恨相去遠，未得承顏接辭，乃辱惠誨，不勝感慰，竊窺藻麗，

　　　　益知所緼，袤承乏於此，得同王事，懼不聞過，凡有可以鐫切者勿惜，自

　　　　此片紙往復，勿用俗禮，乃幸目昏臂疼，不能盡復來貺，草此一紙爲報，

　　　　殊愧率略也。袤頓首。

此尤袤手書至清大興，翁方綱重摹之並寄秦瀛，使置於惠山祠壁。而尤袤曾取孫綽
〈遂初賦〉以自號之「遂初」，光宗則有匾賜之。又尤袤因篤嗜收藏之故，遂能入於
辨別鑑定之境。《研北雜志》卷上云：

　　　　淳熙紹熙間，尤常伯延之，王左曾順伯兩公，酷好古刻，以收儲之富

　　　　相角，皆能辨別眞膺。

在《梁谿遺稿》裡尤袤有〈跋蘭亭八首〉，即爲鑑定法書的明證。從喜好、收藏、親
題到鑑定，可見尤袤於法書字跡之研究有其專業。

　　　藏書之富，板本異種，使尤袤得兼入校勘之界。《遂初堂書目》〈雜史類〉著錄
有《遂初先生手校戰國策》，而其校勘之憑藉爲同類著錄之舊杭本《戰國策》、姚氏
本《戰國策》、鮑氏注《戰國策》、《戰國策補註》等書。又尤袤曾校正《山海經》，
並提出山海經爲先秦古籍而非後人所作之論斷，陳振孫《直齋書錄解題》卷八載：

　　　　《山海經》十八卷，……今本錫山尤袤延之校定，世傳禹益所作，其

　　　　事見《吳越春秋》……此其爲説恢誕不典……故尤跋明其爲非禹伯翳所

　　　　作，而以爲先秦古書無疑，然莫能名其爲何人也。

今《遂初堂書目》〈地理類〉雖無尤袤所校《山海經》之著錄，然著錄有秘閣本《山
海經》，池州本《山海經》，郭璞《山海經圖贊》三本，則此或即尤袤校定所據。而
〈與吳斗南書〉中，因袤校讎之習而知呂祖謙所定《古周易》雷同於呂大防《周易
古經》。此皆袤因藏書善讀而入於校勘之功力呈現。

　　　尤袤性喜藏珍本舊籍，又因其家財頗厚〔註1〕，故時亦刊印古籍，遂其所好。
其刊印最著名者爲《文選》一書，取當時李善注本刊之，後世《文選李善注》則惟
尤袤所刊此書存世，故多據以翻刻，影響重大。序中言及刊書情況，足見其用心良
苦。（詳〈著述考〉）又曾刊行其所酷好之書法舊跡──《隸續》，洪适《盤洲文集》
卷六十三〈池州隸續跋〉載其事云：

　　　　……明年（淳熙七年）錫山尤延之刻二卷于江東倉臺，而輦其板歸之

　　　　越，延之與我同志，故鄭重如此。

今傳《隸續》已殘缺不全（詳〈交友考〉）。黃燕生〈宋代藏書家尤袤〉一文中載「尤

──────────────

〔註1〕尤袤之先祖尤叔保晚年以書法得經營院池山水，頗雄於財，已詳家世考，遺留所致，
　　　袤之家財當厚矣。其臨海縣重建縣治時畀錢三十萬及刊行《文選》時以俸餘鋟木，
　　　皆顯示尤袤家財之雄。

袤在江西任漕司時，曾取家藏《申鑒》刻之」，《遂初堂書目》〈儒家類〉著錄有荀悅《申鑒》一書。又尤袤本欲刊行呂東萊《古周易》，然因雷同呂大防所著，故無付實行。今《遂初堂書目》〈周易類〉所載《呂氏古周易》當為呂大防所著。以上為得知尤袤刊刻書籍，其刊印廣傳之功和其藏書不外借予人之不利流通，恰成對立，其所以如此，蓋皆源於一己之嗜好，而造成如此極端的二種情形。

綜觀所論，尤袤之藏書並非僅是裝飾門面，附庸風雅而已，如王明清所言「仕宦稍顯者，家必有書數千卷，然多失讎校也」。尤袤手不釋卷，精於校讎之辛勤已述於前，其藏書校讎等相關學問，使尤袤成一代老儒，學識淵博，觸類旁通。宋葉寘《坦齋筆衡》即載有袤善藏且善讀之情形，文云：

> 楊廷秀因舉河豚所起，古書未見有載敘者，以問尤延之……廷秀檢視
> 之，言無殊，因嘆曰「延之真書府也」

此種全盤通融之學識，實非一生全心投入於學術淵海者不能致也，無怪乎李曾伯稱之曰「善籤津梁，斯文山斗，爵德齒一，乃本朝文富，其人才學識三在西都班馬之上」。以袤之作品散佚已甚之情況下，吾人論其學識尚已如此博深，如幸得其全，則其成就豈僅乎此，當如深淵龍潭，不見其底，深廣著實令人敬畏。

第六章 結 論

　　尤袤於南宋文壇中號爲四大家之一，尤氏家族自此方名揚於世。而其先世自福建避禍由沈改姓尤氏後，尤叔保立基江蘇，頗雄於財，其後尤輝、尤著等列官朝中，書香傳家，及至尤袤集雄財書香而光大門楣，名載史籍，先祖鋪路之功不可沒，而尤袤之後屢出賢臣名將，清代尤侗名聲最著，大有與尤袤首尾呼應之勢。

　　尤袤生於南宋高宗建炎元年（1127），卒於光宗紹熙四年（1193），享年六十七，歷事高宗、孝宗、光宗三朝，孝宗時期名始稍盛，和楊萬里、陸游等並稱，光宗時則因故時曾任講職而大受拔擢，位至禮部尙書。歷官時兼國史院或實錄院修撰，對其藏書助益頗大。終因憂心國事，積勞成疾而卒，後諡文簡。

　　於尤袤交友之中，楊萬里爲其最親密之摯友，舉凡往來酬唱、鑑賞圖錄、學術討論、遊玩相謔等皆共與之，而尤袤與其他好友往來之情形亦多賴《誠齋集》所載而得知，是研究尤袤者所需重視之人物。

　　在尤袤廣泛著述中現存者惟《遂初堂書目》、《文選考異》及殘存之《梁谿遺稿》而已，而今皆題尤袤所撰之《全唐詩話》一書，《四庫總目》雖明爲非尤袤所作，而斷爲賈似道假手廖瑩中剽竊《唐詩紀事》則未爲允也，經筆者檢討結果應爲尤焴所撰方是，四庫推測實不足取。

　　著述中影響後世最深者乃爲其《遂初堂書目》，其書收有尤袤珍藏三千餘部之圖書目錄，其義例簡略，無小序及敍錄等，少爲人所利用，然其體例上首開書目兼記板本之例，分類上首併先秦子部諸家於〈雜家〉中，著錄時一書互見於兩類之方式對於後世書目有深遠影響，尤其是《四庫總目》。尤書的傳本屢經刊印，今較常見者有明鈔《說郛》本、《四庫全書》收錄之內閣藏本、《海山仙館叢書》本及《常州先哲遺書》本等，其間差異不大，惟分合有些微差異，文字亦有少許出入，其藏書總數概在三千

一百餘部之間。

尤袤除較爲人所知的文學、藏書等成就外，尚有較少爲人知的經學、史學、理學及刊印、校讎、鑑賞等學術成就，然以尤袤著述大量亡佚的事實來觀看這些成就，或許所述有限，但見微知著，吾人應肯定此吉光片羽般的貢獻。

尤袤其成就雖然受後世之肯定，然終因作品亡佚或可資利用之處甚少，而不爲人所重視與研究，本文以較完整之方式盡量介紹尤袤生平及作品，遺漏或許難免，然已可給予欲了解尤袤者一整體之敘述，則撰作此文之目的即已達到，更亟望得習尤袤「四當」精神，不僅怡然自得，並得惠士林也。

參考書目

1：（唐）房玄齡等撰，《晉書》，（上海涵芬樓影印宋本（百衲本二十四史），民國23 年）。

2：（元）脫脫等撰，《宋史》，（上海涵芬樓影印元至正刊本（百衲本二十四史），民國 26 年）。

3：（明）柯維騏撰，《宋史新編》，（新文豐出版社影印本，民國 63 年）。

4：（明）王洙撰，《宋史質》，（大化書局影印本，民國 66 年）。

5：（清）陸心源輯，《宋史翼》，（文海出版社影印本，民國 56 年）。

6：王德毅撰，《宋史研究論集》，（鼎文書局排印本）。

7：（清）徐松撰，《宋會要輯稿》，（新文豐出版社影印本）。

8：（清）章學誠撰，《文史通義》，（華世出版社排印本）。

9：（宋）李心傳撰，《建炎以來繫年要錄》，（清文淵閣《四庫全書》本）。

10：（宋）徐夢莘撰，《三朝北盟會編》，（清文淵閣《四庫全書》本）。

11：（明）凌迪知輯，《萬姓統譜》，（新興書局影印明萬曆七年刻本）。

12：（明）黃宗羲撰，清全祖望補，《宋元學案》，（廣文書局影印本，民國 60 年）。

13：（清）王梓材、馮雲濠撰，《宋元學案補遺》，（世界書局影印四明叢書本）。

14：歐小牧編，《陸游年譜》，（木鐸出版社排印本，民國 71 年）。

15：王德毅編，《李燾父子年譜》，（商務印書館排印本，民國 52 年）。

16：夏瞿禪撰，《姜白石繫年》，（世界書局排印本，民國 56 年）。

17：尤正義撰，《沈尤氏族考》，（自排印本，民國 66 年）。

18：鄭騫撰，《宋人生卒考示例》，（華世出版社排印本，民國 66 年）。

19：麥仲貴撰，《宋元理學家著述生卒年表》，（新亞研究所排印本，民國 57 年）。

20：丁傳靖編，《宋人軼事彙編》，（商務印書館排印本）。

21：丁昌援撰，《尤侗之生平暨作品》排印本（政大碩士論文）。

22：陳義成撰，《楊萬里生平及其詩之研究》排印本（文化博士論文）。

23：（宋）史能之撰，《咸淳毗陵志》，（成文出版社影印本，民國 72 年）。

24：（宋）陳耆卿撰，《赤城志》，（清文淵閣《四庫全書》本）。

25：（清）斐大中等修纂，《江蘇省《無錫金匱縣志》》，（成文出版社影印本）。

26：黃印撰，《錫金志小錄》、《無錫文獻叢刊》第一輯。

27：華湛恩撰，《錫金志外》、《無錫文獻叢刊》第二輯。

28：黃蛟起撰，《西神叢語》、《無錫文獻叢刊》第二輯。

29：周有壬撰，《錫金考乘》、《無錫文獻叢刊》第五輯。

30：王抱承撰，《開化鄉志》、《無錫文獻叢刊》第五輯。

31：唐長孫無忌等撰，《隋書・經籍志》，（世界書局排印本，民國 62 年）。

32：（宋）陳騤撰，《南宋館閣錄》，（清文淵閣《四庫全書》本）。

33：不著撰人，《南宋館閣續錄》，（清文淵閣《四庫全書》本）。

34：不著撰人，《紹興十八年同年小錄》，（清文淵閣《四庫全書》本）。

35：（宋）晁公武撰，《郡齋讀書志》，（清王先謙校刊本）。

36：劉兆祐撰，《晁公武及其郡齋讀書志》，（嘉新水泥論文排印本）。

37：（宋）尤袤撰，《遂初堂書目》，（武進盛氏刊《常州先哲遺書》本，清光緒 25 年，上海涵芬樓排印《說郛》本，叢書集成重排海山仙館本，清文淵閣《四庫全書》本，民國 16 年）。

38：（宋）陳振孫撰，《直齋書錄解題》，（廣文書局影印清武英殿輯永樂大典本）。

39：（元）馬端臨撰，《文獻通考・經籍考》，（新文豐出版社排印本，民國 75 年）。

40：（元）脫脫撰，《宋史・藝文志》，（世界書局排印本）。

41：（清）錢謙益撰，《絳雲樓書目》，（南海伍氏刊粵雅堂叢書本，清道光 30 年）。

42：（清）于敏中、彭元瑞等撰，《天祿琳琅書目》，（廣文書局影印清光緒長沙王氏校刊本）。

43：（清）紀昀等撰，《四庫全書總目》，（臺北商務印書館影印本）。

44：（清）胡玉縉撰，《四庫全書總目提要補正》，（中華書局排印本）。

45：（清）紀昀編，《《四庫全書》簡明目錄》，（臺北商務書館影印本）。

46：（清）邵懿辰撰，《增訂四庫簡明目錄標注》，（世界書局排印本）。

47：（清）陸心源撰，《皕宋樓藏書志》，（十萬卷樓刊本）。

48：（清）陸心源撰，《《儀顧堂題跋》、續跋》，（廣文書局影印本）。

49：（清）莫友芝撰，《邵亭知見傳本書目》，（廣文書局影印本）。

50：（清）丁丙撰，《《善本書室》藏書志》，（廣文書局影印本）。

51：（清）瞿鏞撰，《鐵琴銅劍樓藏書目錄》，（廣文書局影印本）。

52：（清）莫伯驥撰，《《五十萬卷樓藏書目》錄初編》，（廣文書局影印本）。

53：（清）丁立中編，《八千卷樓書目》，（廣文書局影印本）。

54：（清）孫星衍撰，《《平津館鑒藏書籍記》》，（廣文書局影印本）。

55：（清）周中孚撰，《鄭堂讀書記》，（世界書局排印本）。

56：（清）葉德輝撰，《書林清話》，（文史哲出版社影印本）。

57：（清）葉昌熾撰，《藏書記事詩》，（世界書局排印本）。

58：甘雲鵬撰，《崇雅堂書錄》，（廣文書局影印本）。

59：該館自印，《國立北平圖館書目》排印本，民國23年。

60：該館自編，《江蘇省立國學圖書館總目》，（廣文書局影印本）。

61：梁子涵編，《中國歷代書目總錄》，（中國文化出版事業委員會排印本）。

62：楊立誠、金步瀛編，《中國藏書家考略》，（文海出版社排印本）。

63：申暢編，《中國目錄學家傳略》，（中州古籍出版社排印本）。

64：鄭偉章、李萬健編，《中國著名藏書家傳略》，（書目文獻出版社排印本）。

65：潘美月撰，《宋代藏書家考》，（學海出版社排印本）。

66：喬衍琯撰，《《宋代書目考》》，（文史哲出版社排印本）。

67：李希泌、張淑華編，《中國古代藏書與近代圖書館史料》，（北京中華書局排印本，1982）。

68：陳彬龢、查猛濟撰，《中國書史》，（文史哲出版社排印本）。

69：屈萬里、昌彼得撰《圖書板本學要略》，（中國文化大學出版部排印本）。

70：余嘉錫撰，《目錄學發微》，（藝文印書館排印本）。

71：汪辟疆撰，《目錄學研究》，（文史哲出版社排印本）。

72：許世瑛撰，《中國目錄學史》，（中華文化出版事業委員會排印本）。

73：呂紹虞撰，《中國目錄學史稿》，（丹青出版社排印本）。

74：李曰綱撰，《中國目錄學》，（明文出版社排印本）。

75：昌彼得、潘美月撰，《中國目錄學》，（文史哲出版社排印本）。

76：鄭鶴聲撰，《中國史部目錄學》，（華世出版社排印本）。

77：羅孟幀撰，《中國古代目錄學簡編》，（木鐸出版社排印本）。

78：王欣夫撰，《文獻學講義》，（文史哲出版社排印本）。

79：（宋）羅大經撰，《鶴林玉露》，（正中書局影印本）。

80：（宋）周密撰，《齊東野語》，（藝文印書館影印學津討原本）。

81：（宋）王明清撰，《揮塵三錄》，（清文淵閣《四庫全書》本）。

82：（宋）尤玘撰，《萬柳溪邊舊話》，（知不足齋叢書本）。

83：（清）尤侗撰，《西堂雜俎》，（廣文書局排印本）。

84：昌彼得撰，《《說郛》考》，（文史哲出版社排印本）。

85：（宋）洪适撰，《盤洲文集》，（四部叢刊縮印本）。

86：（宋）汪應辰撰，《文定集》，（清文淵閣《四庫全書》本）。

87：（宋）陸游撰，《渭南文集》，（四部叢刊縮印本）。

88：（宋）陸游撰，《劍南詩稿》，（四部叢刊縮印本）。

89：（宋）周必大撰，《周文忠公全集》，（清文淵閣《四庫全書》本）。

90：（宋）楊萬里撰，《誠齋集》，（四部叢刊縮印本）。

91：（宋）朱熹撰，《朱文公文集》，（四部叢刊縮印本）。

92：（宋）呂祖謙撰，《呂氏家塾讀詩記》，（四部叢刊縮印本）。

93：（宋）陸九淵撰，《象山先生全集》，（四部叢刊縮印本）。

94：（宋）陳亮撰，《龍川集》，（清文淵閣《四庫全書》本）。

95：（宋）樓鑰撰，《攻媿集》，（四部叢刊縮印本）。

96：（宋）張鎡撰，《南湖集》，（清文淵閣《四庫全書》本）。

97：（宋）姜夔撰，《白石道人詩集》，（四部叢刊本）。

98：（宋）袁說友撰，《東塘集》，（清文淵閣《四庫全書》本）。

99：（宋）魏了翁撰，《鶴山先生大全文集》，（四部叢刊縮印本）。

100：（宋）陳傅良撰，《止齋先生文集》，（四部叢刊縮印本）。

101：（宋）彭龜年撰，《止堂集》，（清文淵閣《四庫全書》本）。

102：（宋）李曾伯撰，《可齋雜稿》，（清文淵閣《四庫全書》本）。

103：（宋）李廷忠撰，《橘山四六》，（清文淵閣《四庫全書》本）。

104：（宋）馬廷鸞撰，《碧梧玩芳集》，（清文淵閣《四庫全書》本）。

105：（元）方回撰，《《桐江集》》，（宛委別藏本）。

106：（元）方回編，《瀛奎律髓》，（清文淵閣《四庫全書》本）。

107：（明）歸有光撰，《震川先生集》，中華書局四部備要本。

108：（清）尤侗輯，《梁谿遺稿》，（《常州先哲遺書》本，清文淵閣《四庫全書》本）。

109：（清）繆荃孫撰，《藝風堂文集》，文海出版社近代中國史料叢刊。

110：（宋）計有功撰，《《唐詩紀事》》，（清文淵閣《四庫全書》本）。

111：舊題尤袤撰，《全唐詩話》，（新文豐出版社叢書集成新編影印本）。

112：（清）厲鶚撰，《宋詩紀事》，（鼎文書局影印本）。

113：唐圭璋編，《全宋詞》，（明倫出版社排印本）。

114：（宋）陳思編，《兩宋名賢小集》，（清文淵閣《四庫全書》本）。

115：（清）陳焯編，《宋元詩會》，（清文淵閣《四庫全書》本）。

116：（明）曹學全編，《石倉歷代詩選》，（清文淵閣《四庫全書》本）。

117：臺靜農編，《百種詩話類編》，（藝文出版社排印本）。

118：（清）陳夢雷撰，《古今圖書集成》，（鼎文書局影印本）。

119：《叢書子目類編》，（文史哲出版社影印本）。

120：劉大杰撰，《中國文學史》，（華正書局排印本）。

121：葉慶炳撰，《中國文學史》，（學生書局排印本）。

122：金榮華等人撰，《中國文學史初稿》，福記出版社排印本。

123：袁同禮撰，〈宋代私家藏書概略〉，（《圖書館學季刊》第二卷第二期）。

124：吳春晗撰，〈江蘇藏書家小史〉，（《圖書館學季刊》第八卷第一期）。

125：潘美月撰，〈宋代私家藏書之特色〉，（《書府》第三期）。

126：陶寶慶撰，〈尤袤和萬卷樓〉，（《文物天地》第三期，1985）。

127：黃燕生撰，〈宋代藏書家尤袤〉，（《圖書館雜誌》，1984 年）。

圖一　尤袤家鄉無錫縣地理圖（錄自《無錫金匱縣志》）

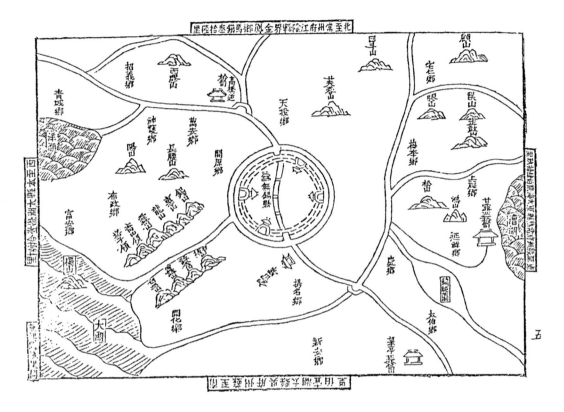

圖二　《說郛》本《遂初堂書目》書影

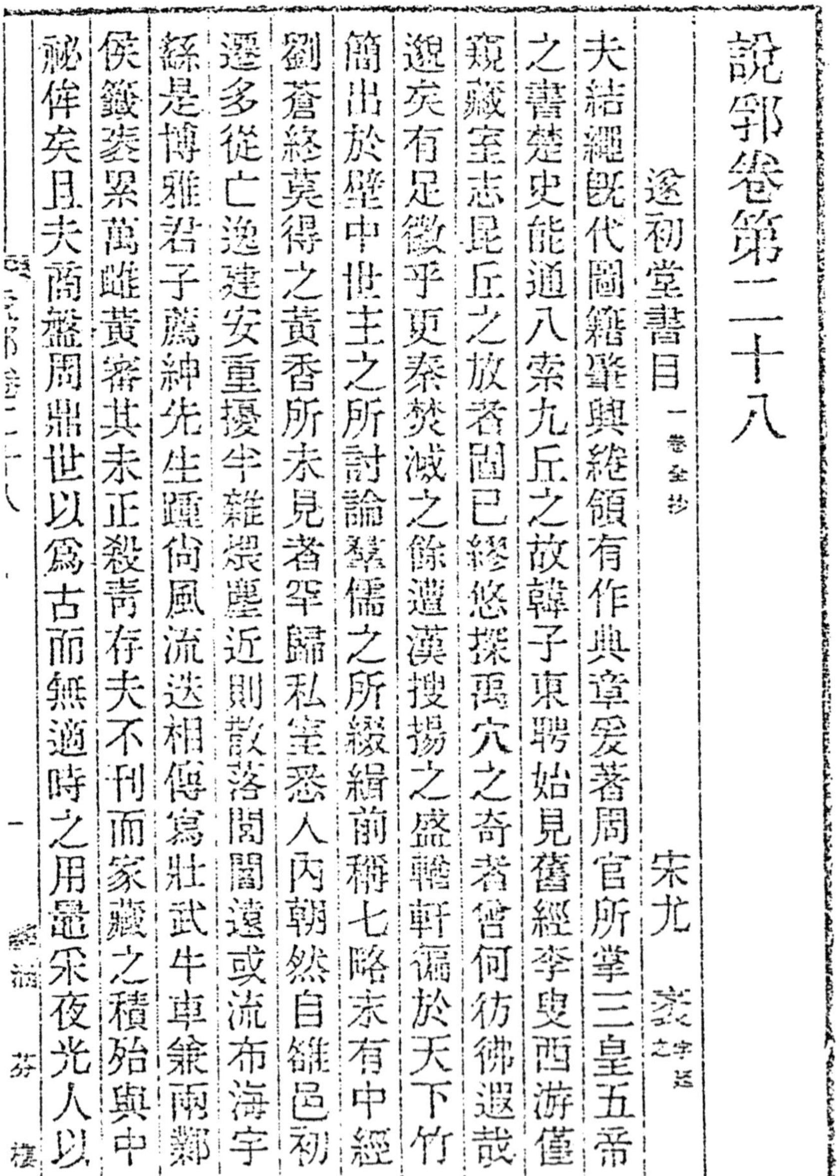

說郛卷第二十八

遂初堂書目 一卷全抄　　　宋尤　袤字延之

夫結繩既代圖籍聿興絕領有作典章爰著周官所掌三皇五帝
之書楚史能通八索九丘之故韓子束聘始見舊經李叟西游僅
窺藏室昆丘之放著固已緜悠探禹穴之奇者曾何彷彿遇哉
遇疾有足徵乎更秦焚滅之餘遭漢搜揚之盛轀軒徧於天下竹
簡出於壁中世主之所討論蓺儒之所綴緝前稱七略未有中經
劉蒼絡莫得之黃香所未見著罕歸私室悉入內朝然自雛邑初
遷多從亡逸建安重擾牛雜蒙塵近則散落閭閻遠或流布海宇
孫是博雅若子薦紳先生踵尚風流迭相傳寫壯武牛車兼兩鄰
侯籤袠累萬雖黃審其未正殺青存夫不刊而家藏之積殆與中
祕侔矣且夫商盤周鼎世以為古而無適時之用豈采夜光人以

圖三　李善注《文選》書影（宋淳熙八年尤延之貴池刊理宗間遞修本）

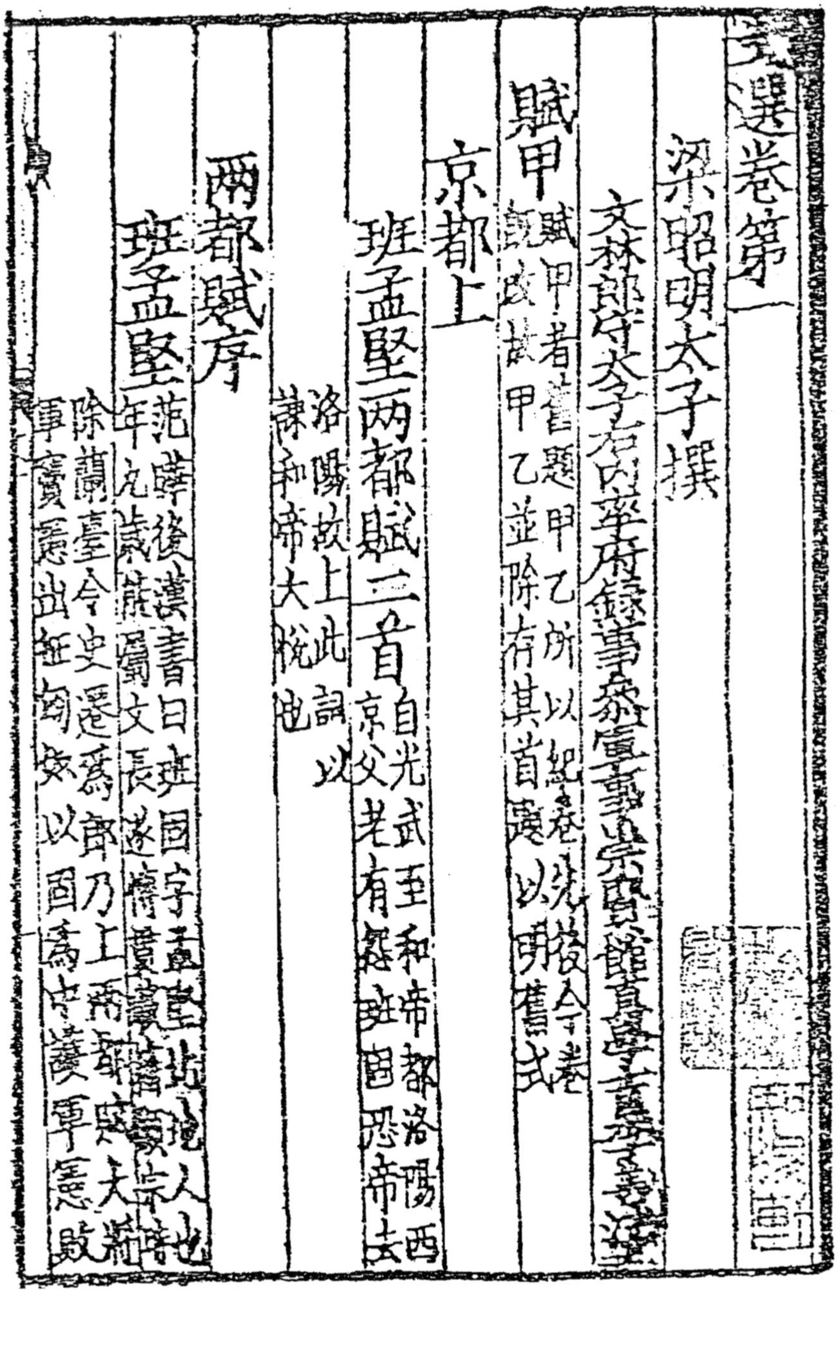

文選卷第一

梁昭明太子撰

文林郎守太子右內率府錄事參軍事崇賢館直學士臣李善注上

賦甲　賦甲者舊題甲乙所以紀卷先後今卷既改故甲乙並除存其首題以明舊式

京都上

班孟堅兩都賦二首　自光武至和帝都洛陽西京父老有怨班固恐帝去洛陽故上此詞以諫和帝大悅也

兩都賦序

班孟堅　范曄後漢書曰班固字孟堅北地人也年九歲能屬文長遂博貫載籍顯宗時除蘭臺令史遷爲郎乃上兩都賦大將軍竇憲出征匈奴以固爲中護軍憲敗

圖四　《呂氏家塾讀詩記》跋文書影（四部叢刊本）

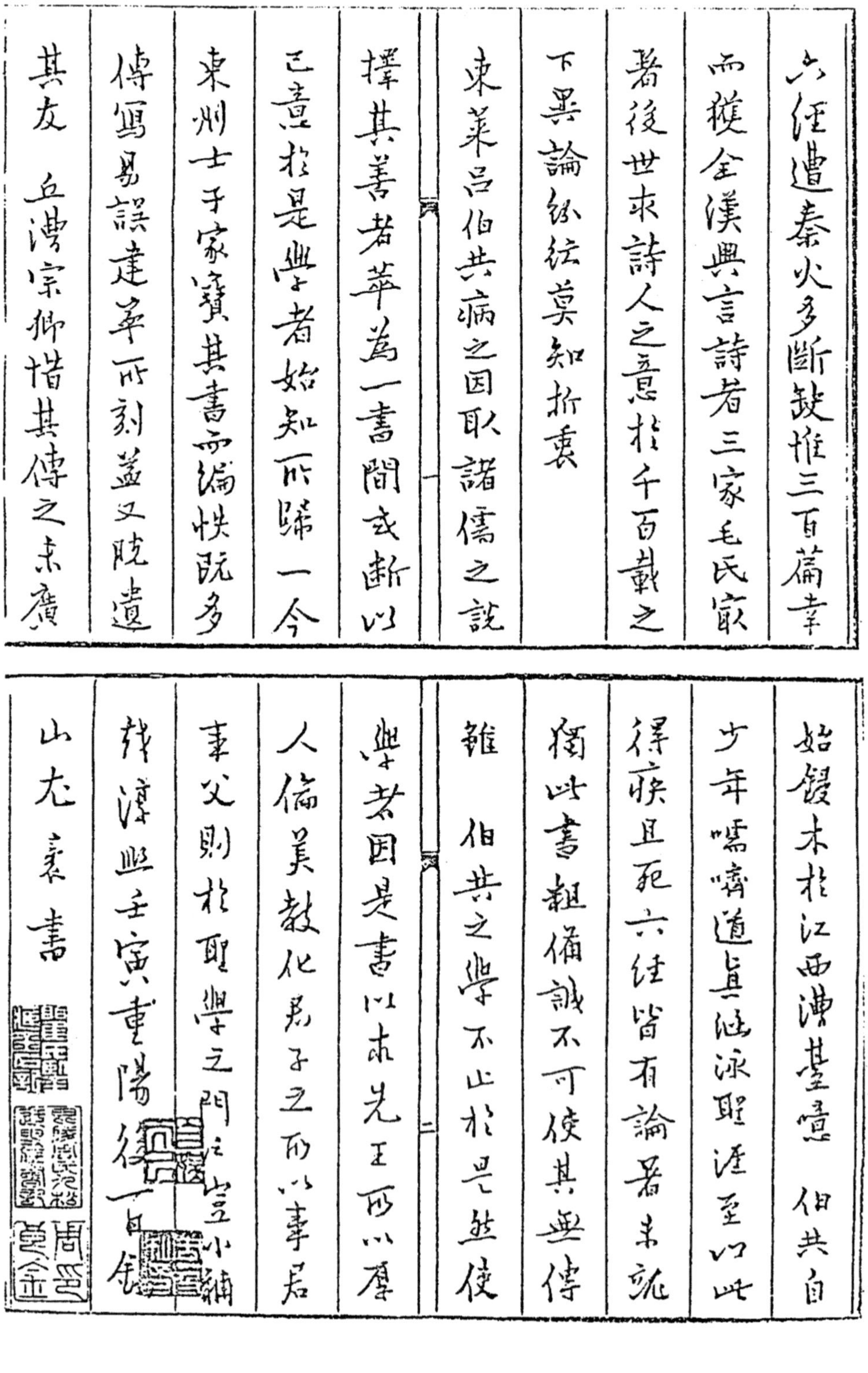

六經遭秦火多斷缺惟三百篇幸
而獲全漢興言詩者三家毛氏竄
醫後世求詩人之意於千百載之
下異論紛紜莫知折衷
東萊呂伯共病之囙取諸儒之說
擇其善者萃為一書間或斷以
己意於是學者始知所歸一今
東州士于家寶其書而編帙既多
傳寫易誤建卒而刻蓋又晚遺
其友　丘灣宗卿惜其傳之未廣

始緩木於江西漕臺意　伯共自
少年嗜讀道真泒泳聖涯至以此
得疾且死六往皆有論著未就
獨此書親備誠不可使其無傳
雜　伯共之學不止於是然使
學者囙是書以末先王西以
人倫美教化為子孑之而以事君
事父則於聖學之門庶豈小補
韓滹𡊨壬寅重陽後一日
山尤袤書

圖五　尤袤筆蹟書影（錄自〈沈尤氏族考〉）

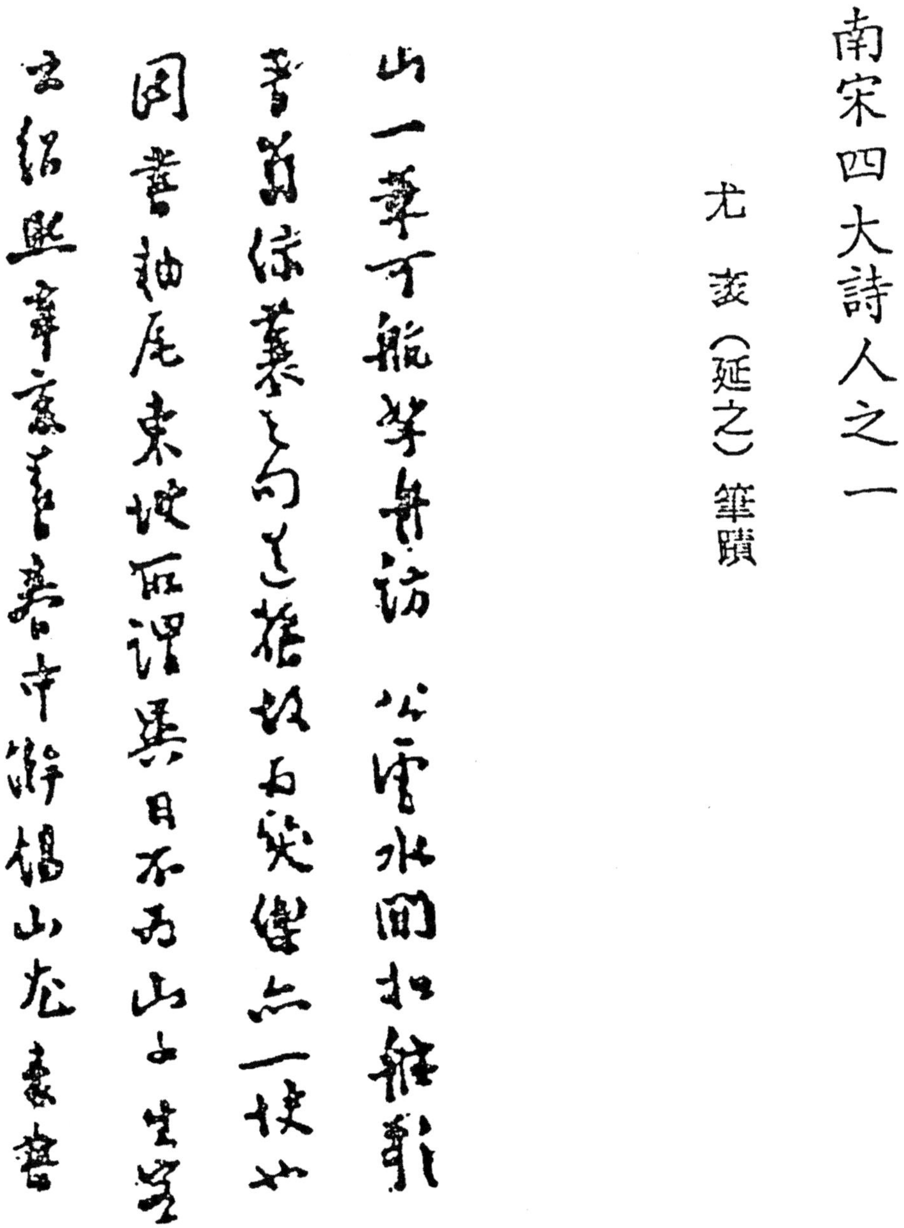

南宋四大詩人之一

尤　袤（延之）筆蹟